Sarah Rette

ESPAÑOL: APRENDIZAJE DE VERBOS POR VIA RAPIDA PARA ANGLO PARLANTES

Los 100 verbos mas usados en español con 3600 frases de ejemplo: Pasado. Presente. Futuro.

Para un aprendizaje mas rápido del español haga foco en estudiar los verbos utiizados con mayor frecuencia. Aprenda los 100 verbos que necesita para la vida cotidiana para referirse al pasado, al presente y al futuro.

© 2015 by Sara Retter

© 2015 by UNITEXTO

Published by UNITEXTO

ESPAÑOL: APRENDIZAJE DE VERBOS POR VIA RAPIDA PARA ANGLO PARLANTES

LOS VERBOS EN ESPAÑOL MAS UTILIZADOS

1. To be *Ser*	2. To have *Tener*	3. To do *Hacer*	4. To say *Decir*
5. To go *Ir*	6. To get *Obtener*	7. To make *Hacer*	8. To know *Saber*
9. To think *Pensar*	10. To take *Tomar*	11. To see *Ver*	12. To come *venir*
13. To want *Querer*	14. To use *Usar*	15. To find *Encontrar*	16. To give *Dar*
17. To tell *Decir*	18. To work *Trabajar*	19. To call *Llamar*	20. To try *probar*
21. To ask *Preguntar*	22. To need *Necesitar*	23. To feel *Sentir*	24. To become *Hacerse*
25. To leave *Dejar*	26. To put *Poner*	27. To mean *Intencionar*	28. To keep *Mantener*
29. To let *Dejar*	30. To begin *Comenzar*	31. To seem *Parecer*	32. To help *Ayudar*
33. To show *Mostar*	34. To hear *Escuchar*	35. To play *Jugar*	36. To run *Correr*
37. To move *Mover*	38. To live *Vivir*	39. To believe *Creer*	40. To bring *Traer*
41. To happen *Suceder*	42. To write *Escribir*	43. To sit *Sentarse*	44. To stand *Pararse*
45. To lose *Perder*	46. To pay *Pagar*	47. To meet *Conocer*	48. To include *Incluir*

49. To continue *Continuar*	50. To set *Establecer*	51. To learn *Aprender*	52. To change *Cambiar*
53. To lead *Liderar*	54. To understand *Entender*	55. To watch *Ver*	56. To follow *Seguir*
57. To stop *Detenerse*	58. To create *Crear*	59. To speak *Hablar*	60. To read *leer*
61. To spend *Gastar*	62. To grow *Crecer*	63. To open *Abrir*	64. To walk *Caminar*
65. To win *Ganar*	66. To teach *Enseñar*	67. To offer *Ofrecer*	68. To remember *Recordar*
69. To consider *Considerar*	70. To appear *Aparecer*	71. To buy *Comprar*	72. To serve *Servir*
73. To die *Morir*	74. To send *Enviar*	75. To build *Construir*	76. To stay *Quedarse*
77. To fall *Caer*	78. To cut *cortar*	79. To reach *alcanzar*	80. To kill *matal*
81. To raise *levantar*	82. To pass *pasar*	83. To sell *vender*	84. To decide *decidir*
85. To return *retornar*	86. To explain *explicar*	87. To hope *desear*	88. To develop *desarrollar*
89. To carry *cargar*	90. To break *romper*	91. To receive *recibir*	92. To agree *acordar*
93. To support *apoyar*	94. To hit *golpear*	95. To produce *producir*	96. To eat *comer*
97. To cover *cubrir*	98. To catch *atrapar*	99. To draw *halar*	100. To choose *elegir*

FRASES EJEMPLO
LOS VERBOS EN ESPAÑOL MAS UTILIZADOS

1. To be/*Ser*

PRESENT *PRESENTE*	PAST *PASADO*	FUTURE *FUTURO*
I *am* nice Yo *soy* lindo	I *was* nice Yo *fui* lindo	I will *be* nice Yo *sere* lindo
You *are* nice Ustedes *son* lindos	You *were* nice Ustedes *fueron* lindos	You *will be* nice Ustedes *serán* lindos
He *is* nice El *es* lindo	He *was* nice Él *fué* lindo	He *will be* nice Él *será* lindo
We *are* nice Nosotros *somos* lindos	We *were* nice Nosotros *fuimos* lindos	We *will be* nice Nosotros *seremos* lindos
They *are* nice Ellos *son* lindos	They *were* nice Ellos *fueron* lindos	They *will be* nice Ellos *serán* lindos
You *are* nice Ustedes *son* lindos	You *were* nice Ustedes *fueron* lindos	You *will be* nice Ustedes *serán* lindos

2. To have/*Tener*

PRESENT *PRESENTE*	PAST *PASADO*	FUTURE *FUTURO*
I *have* money Yo *tengo* dinero	I *had* money Yo *tuve* dinero	I will *have money* Yo *tendré* dinero
You *have* money Usted *tiene* dinero	You *had* money Usted *tuvo* dinero	You *will have* money Usted *tendrá* dinero
He *has* money Él *tiene* dinero	He *had* money Él *tuvo* dinero	He *will have* money Él *tendrá* dinero
We *have* money Nosotros *tenemos* dinero	We *had* money Nosotros *tuvimos* dinero	We *will have* money Nosotros *tendremos* dinero
They *have* money Ellos *tienen* dinero	They *had* money Ellos *tuvieron* dinero	They *will have* money Ellos *tendrán* dinero
You *have* money Usted *tiene* dinero	You *had* money Usted *tuvo* dinero	You *will have* money Usted *tendrá* dinero

3. To do/*Hacer*

PRESENT	PAST	FUTURE
PRESENTE	*PASADO*	*FUTURO*
I *do* a lot	I *did* a lot	I *will do a lot*
Yo *hago* mucho	Yo *hice* mucho	Yo hare mucho
You *do*	You *did*	You *will do*
Usted *hace*	Usted *hizo*	Usted *hará*
He *does*	He *did*	He *will do*
El *hace*	El *hizo*	El *hará*
We *do*	We *did*	We *will do*
Nosotros *hacemos*	Nosotros *hicimos*	Nosotros *haremos*
They *do*	They *did*	They *will do*
Ellos *hacen*	Ellos *hicieron*	Ellos *harán*
You *do*	You *did*	You *will do*
Ustedes *hacen*	Ustedes *hicieron*	Ustedes *harán*

4. To say/*Decir*

PRESENT	PAST	FUTURE
PRESENTE	*PASADO*	*FUTURO*
I *say* a prayer	I *said* a prayer	I *will say* a prayer
Yo *digo* una oración	Yo *dije* una oración	Yo *diré* una oración
You *say* a prayer	You *said* a prayer	You *will say* a prayer
Usted *dice* una oración	Usted *dijo* una oración	Usted *dirá* una oración
He *says* a prayer	He *said* a prayer	He *will say* a prayer
El *dice* una oración	El *dijo* una oración	El *dirá* una oración
We *say* a prayer	We *said* a prayer	We *will say* a prayer
Nosotros *decimos* una oración	Nosotros *dijimos* una oración	Nosotros *diremos* una oración
They *say* a prayer	They *said* a prayer	They *will say* a prayer
Ellos *dicen* una oración	Ellos *dijeron* una oración	Ellos dirán una oración
You *say* a prayer	You *said* a prayer	You *will say* a prayer
Ustedes *dicen* una oración	Ustedes *dijeron* una oración	Ustedes *dirán* una oración

5. To go/*Ir*

PRESENT	PAST	FUTURE
PRESENTE	*PASADO*	*FUTURO*

I *go* to school Yo *voy* a la escuela	I *went* to school Yo *fuí* a la escuela	I *will go* to school Yo *iré* a la escuela
You *go* to school Usted *va* a la escuela	You *went* to school Usted *fue* a la escuela	You *will go* to school Usted *irá* a la escuela
He *goes* to school El *va* a la escuela	He *went* to school El *fue* a la escuela	He *will go* to school El *irá* a la escuela
We *go* to school Nosotros *vamos* a la escuela	We *went* to school Nosotros *fuimos* a la escuela	We *will go* to school Nosotros *iremos* a la escuela
They *go* to school Ellos *van* a la escuela	They *went* to school Ellos *fueron* a la escuela	They *will go* to school Ellos *iran* a la escuela
You *go* to school Ustedes *van* a la escuela	You *went* to school Ustedes *fueron* a la escuela	You *will go* to school Ustedes *irán* a la escuela

6. To get/*Obtener*

PRESENT *PRESENTE*	PAST *PASADO*	FUTURE *FUTURO*
I *get* the present Yo *obtengo* el presente	I *got* the present Yo *obtuve* el presente	I *will get* the present Yo *obtendré* el presente
You *get* the present Usted *obtiene* el presente	You *got* the present Usted *obtuvo* el presente	You *will get* the present Usted *obtendrá* el presente
He *gets* the present El *obtiene* el presente	He *got* the present El *obtuvo* el presente	He *will get* the present El *obtendrá* el presente
We *get* the present Nosotros *obtenemos el presente*	We *got* the present Nosotros *obtuvimos* el presente	We *will get* the present Nosotros *obtendremos* el presente
They *get* the present Ellos *obtienen* el presente	They *got* the present Ellos *obtuvieron* el presente	They *will get* the present Ellos *obtendrán* el presente
You *get* the present Ustedes *obtienen* el presente	You *got* the present Ustedes *obtuvieron* el presente	You *will get* the present Ustedes Obtendrán el presente

7. To make/*Hacer*

PRESENT *PRESENTE*	PAST *PASADO*	FUTURE *FUTURO*

I *make* the cake Yo *hago* el pastel	I *made* the cake Yo *hice* el pastel	I *will make* the cake Yo *haré* el pastel
You *make* the cake Usted *hace* el pastel	You *made* the cake Usted *hizo* el pastel	You *will make* the cake Usted *hará* el pastel
He *makes* the cake El *hace* el pastel	He *made* the cake El *hizo* el pastel	He *will make* the cake El *hará* el pastel
We *make* the cake Nosotros *hacemos* el pastel	We *made* the cake Nosotros *hicimos* el pastel	We *will make* the cake Nosotros *haremos* el pastel
They *make* the cake Ellos *hacen* el pastel	They *made* the cake Ellos *hiceron* el pastel	They *will make* the cake Ellos *harán* el pastel
You *make* the cake Ustedes *hacen* el pastel	You *made* the cake Ustedes *hiceron* el pastel	You *will make* the cake Ustedes *harán* el pastel

8. To know/*Saber*

PRESENT *PRESENTE*	PAST *PASADO*	FUTURE *FUTURO*
I *know* the song Yo *sé* la canción	I *knew* the song Yo *sabía* la canción	I *will know* the song Yo *sabré* la canción
You *know* the song Usted *sabe* la canción	You *knew* the song Usted *sabía* la canción	You *will know* the song Usted *sabra* la canción
He *knows* the song El *sabe* la canción	He *knew* the song El *sabía* la canción	He *will know* the song El sabra la canción
We *know* the song Nosotros *sabemos* la canción	We *knew* the song Nosotros *sabíamos* la canción	We *will know* the song Nosotros *sabremos* la canción
They *know* the song Ellos *saben* la canción	They *knew* the song Ellos *sabían* la canción	They *will know* the song Ellos *sabrán* la canción
You *know* the song Ustedes *saben* la canción	You *knew* the song Ustedes *sabían* la canción	You *will know* the song Ustedes *sabrán* la canción

9. To think/*Pensar*

PRESENT *PRESENTE*	PAST *PASADO*	FUTURE *FUTURO*
I *think* of her Yo *pienso* en ella	I *thought* of her Yo *pensé* en ella	I *will think* of her Yo *pensaré* en ella

You *think* of her Usted *piensa* en ella	You *thought* of her Usted *pensó* en ella	You *will think* of her Usted *pensará* en ella
He *thinks* of her El *piensa* en ella	He *thought* of her El *pensó* en ella	He *will think* of her El *pensará* en ella
We *think* of her Nosotros *pensamos* en ella	We *thought* of her Nosotros *pensamos* en ella	We *will think* of her Nosotros *pensaremos* en ella
They *think* of her Ellos *piensan* en ella	They *thought* of her Ellos *pensaron* en ella	They *will think* of her Ellos *pensarán* en ella
You *think* of her Ustedes *piensan* en ella	You *thought* of her Ustedes *pensaron* en ella	You *will think* of her Ustedes *pensarán* en ella

10. To take/*Tomar*

PRESENT *PRESENTE*	PAST *PASADO*	FUTURE *FUTURO*
I *take* the bag Yo *tomo* la bolsa	I *took* the bag Yo *tomé* la bolsa	I *will take* the bag Yo *tomaré* la bolsa
You *take* the bag Usted *toma* la bolsa	You *took* the bag Usted *tomó* la bolsa	You *will take* the bag Usted *tomará* la bolsa
He *takes* the bag El *toma* la bolsa	He *took* the bag El *tomó* la bolsa	He *will take* the bag El *tomará* la bolsa
We *take* the bag Nosotros *tomamos* la bolsa	We *took* the bag Nosotros *tomamos* la bolsa	We *will take* the bag Nosotros *tomaremos* la bolsa
They *take* the bag Ellos *toman* la bolsa	They *took* the bag Ellos *tomaron* la bolsa	They *will take* the bag Ellos *tomarán* la bolsa
You *take* the bag Ustedes *toman* la bolsa	You *took* the bag Ustedes *tomaron* la bolsa	You *will take* the bag Ustedes *tomarán* la bolsa

11. To see/*Ver*

PRESENT *PRESENTE*	PAST *PASADO*	FUTURE *FUTURO*
I *see* a car Yo *veo* un carro	I *saw* a car Yo *ví* un carro	I *will see* a car Yo *veré* un carro
You *see* a car Usted *ve* un carro	You *saw* a car Usted *vió* un carro	You *will see* a car Usted *verá* un carro
He *sees* a car El *ve* un carro	He *saw* a car El *vió* un carro	He *will see* a car El *verá* un carro

We *see* a car Nosotros *vemos* un carro	We *saw* a car Nosotros *vimos* un carro	We *will see* a car Nosotros *veremos* un carro
They *see* a car Ellos *ven* un carro	They *saw* a car Ellos *vieron* un carro	They *will see* a car Ellos *verán* un carro
You *see* a car Ustedes *ven* un carro	You *saw* a car Ustedes *vieron* un carro	You *will see* a car Ustedes *verán* un carro

12. To come/*Venir*

PRESENT *PRESENTE*	PAST *PASADO*	FUTURE *FUTURO*
I *come* home Yo *vengo* a casa	I *came* home Yo *vine* a casa	I *will come* home Yo *vendré* a casa
You *come* home Usted *viene* a casa	You *came* home Usted *vino* a casa	You *will come* home Usted *vendrá* a casa
He *comes* home El *viene* a casa	He *came* home El *vino* a casa	He *will come* home El *vendrá* a casa
We *come* home Nosotros *venimos* a casa	We *came* home Nosotros *venimos* a casa	We *will come* home Nosotros *vendremos* a casa
They *come* home Ellos *vienen* a casa	They *came* home Ellos *vinieron* a casa	They *will come* home Ellos *vendrán* a casa
You *come* home Ustedes *vienen* a casa	You *came* home Ustedes *vinieron* a casa	You *will come* home Ustedes *vendrán* a casa

13. To want/*Querer*

PRESENT *PRESENTE*	PAST *PASADO*	FUTURE *FUTURO*
I *want* ice-cream Yo *quiero* helado	I *wanted* ice-cream Yo *quería* helado	I *will want* ice-cream Yo *querré* helado
You *want* ice-cream Usted *quiere* helado	You *wanted* ice-cream Usted *quería* helado	You *will want* ice-cream Usted *querrá* helado
He *wants* ice-cream El *quiere* helado	He *wanted* ice-cream El *quería* helado	He *will want* ice-cream El *querrá* helado
We *want* ice-cream Nosotros *queremos* helado	We *wanted* ice-cream Nosotros *queríamos* helado	We *will want* ice-cream Nosotros *querremos* helado
They *want* ice-cream Ellos *quieren* helado	They *wanted* ice-cream Ellos *querían* helado	They *will want* ice-cream Ellos *querrán* helado

| You *want* ice-cream | You *wanted* ice-cream | You *will want* ice-cream |
| Ustedes *quieren* helado | Ustedes *querían* helado | Ustedes *querrán* helado |

14. To use/*Usar*

PRESENT *PRESENTE*	PAST *PASADO*	FUTURE *FUTURO*
I *know* the song Yo *sé* la canción	I *knew* the song Yo *sabía* la canción	I *will know* the song Yo *sabré* la canción
You *know* the song Usted *sabe* la canción	You *knew* the song Usted *sabía* la canción	You *will know* the song Usted *sabra* la canción
He *knows* the song El *sabe* la canción	He *knew* the song El *sabía* la canción	He *will know* the song El sabra la canción
We *know* the song Nosotros *sabemos* la canción	We *knew* the song Nosotros *sabíamos* la canción	We *will know* the song Nosotros *sabremos* la canción
They *know* the song Ellos *saben* la canción	They *knew* the song Ellos *sabían* la canción	They *will know* the song Ellos *sabrán* la canción
You *know* the song Ustedes *saben* la canción	You *knew* the song Ustedes *sabían* la canción	You *will know* the song Ustedes *sabrán* la canción

15. To find/*Encontrar*

PRESENT *PRESENTE*	PAST *PASADO*	FUTURE *FUTURO*
I *find* the way Yo *encuentro* el camino	I *found* the way Yo *encontré* el camino	I *will find* the way Yo *encontraré* el camino
You *find* the way Usted *encuentra* el camino	You *found* the way Usted *encontró* el camino	You *will find* the way Usted *encontrará* el camino
He *finds* the way El *encuentra* el camino	He *found* the way El *encontró* el camino	He *will find* the way El *encontrará* el camino
We *find* the way Nosotros *encontramos* el camino	We *found* the way Nosotros *encontramos* el camino	We *will find* the way Nosotros *encontraremos* el camino
They *find* the way Ellos *encuentran* el camino	They *found* the way Ellos *encontraron* el camino	They *will find* the way Ellos *encontrarán* el camino
You *find* the way	You *found* the way	You *will find* the way

Ustedes *encuentran* el camino	Ustedes *encontraron* el camino	Ustedes *encontrarán* el camino

16. To give/*Dar*

PRESENT *PRESENTE*	PAST *PASADO*	FUTURE *FUTURO*
I *give* the present Yo *doy* el regalo	I *gave* the present Yo *dí* el regalo	I *will give* the present Yo *daré* el regalo
You *give* the present Usted *da* el regalo	You *gave* the present Usted *dio* el regalo	You *will give* the present Usted *dará* el regalo
He *gives* the present El *da* el regalo	He *gave* the present El *dió* el regalo	He *will give* the present El *dará* el regalo
We *give* the present Nosotros *damos* el regalo	We *gave* the present Nosotros *dimos* el regalo	We *will give* the present Nosotros *daremos* el regalo
They *give* the present Ellos *dan* el regalo	They *gave* the present Ellos *dieron* el regalo	They *will give* the present Ellos *darán* el regalo
You *give* the present Ustedes *dan* el regalo	You *gave* the present Ustees *dieron* el regalo	You *will give* the present Ustedes *darán* el regalo

17. To tell/*Decir*

PRESENT *PRESENTE*	PAST *PASADO*	FUTURE *FUTURO*
I *tell* the story Yo *digo* la historia	I *told* the story Yo *dije* la historia	I *will tell* the story Yo *diré* la historia
You *tell* the story Usted *dice* la historia	You *told* the story Usted *dijo* la historia	You *will tell* the story Usted *dirá* la historia
He *tells* the story El *dice* la historia	He *told* the story El *dijo* la historia	He *will tell* the story El *dirá* la historia
We *tell* the story Nosotros *decimos* la historia	We *told* the story Nosotros *dijimos* la historia	We *will tell* the story Nosotros *diremos* la historia
They *tell* the story Ellos *dicen* la historia	They *told* the story Ellos *dijeron* la historia	They *will tell* the story Ellos *dirán* la historia
You *tell* the story Ustedes *dicen* la historia	You *told* the story Ustedes *dijeron* la historia	You *will tell* the story Ustedes *dirán* la historia

18. To work/*Trabajar*

PRESENT *PRESENTE*	PAST *PASADO*	FUTURE *FUTURO*
I *work* here Yo *trabajo* aquí	I *worked* here Yo *trabajé* aquí	I *will work* here Yo *trabajaré* aquí
You *work* here Usted *trabaja* aquí	You *worked* here Usted *trabajó* aquí	You *will work* here Usted *trabajará* aquí
He *works* here El *trabaja* aquí	He *worked* here El *trabajó* aquí	He *will work* here El *trabajará* aquí
We *work* here Nosotros *trabajamos* aquí	We *worked* here Nosotros *trabajábamos* aquí	We *will work* here Nosotros *trabajaremos* aquí
They *work* here Ellos *trabajana* aquí	They *worked* here Ellos *trabajaron* aquí	They *will work* here Ellos *trabajarán* aquí
You *work* here Ustedes *trabajan* aquí	You *worked* here Ustedes *trabajaron* aquí	You *will work* here Ustedes *trabajarán* aquí

19. To call/*Llamar*

PRESENT *PRESENTE*	PAST *PASADO*	FUTURE *FUTURO*
I *call* him Yo lo *llamo*	I *called* him Yo lo *llamé*	I *will call* him Yo lo *llamaré*
You *call* him Usted lo *llama*	You *called* him Usted lo *llamó*	You *will call* him Usted lo *llamará*
He *calls* him El lo *llama*	He *called* him El lo *llamó*	He *will call* him El lo *llamará*
We *call* him Nosotros lo *llamamos*	We *called* him Nosotros lo *llamamos*	We *will call* him Nosotros lo *llamaremos*
They *call* him Ellos lo *llaman*	They *called* him Ellos lo *llamaron*	They *will call* him Ellos lo *llamarán*
You *call* him Ustedes lo *llaman*	You *called* him Ustedes lo *llamaron*	You *will call* him Ustedes lo *llamarán*

20. To try/*Probar*

PRESENT *PRESENTE*	PAST *PASADO*	FUTURE *FUTURO*
I *try* the cake	I *tried* the cake	I *will try* the cake

13

Yo *pruebo* el pastel	Yo *probe* el pastel	Yo *probaré* el pastel
You *try* the cake Usted prueba el pastel	You *tried* the cake Usted *probó* el pastel	You *will try* the cake Usted *probará* el pastel
He *tries* the cake El *prueba* el pastel	He *tried* the cake El *probó* el pastel	He *will try* the cake El *probará* el pastel
We *try* the cake Nosotros *probamos* el pastel	We *tried* the cake Nosotros *probamos* el pastel	We *will try* the cake Nosotros *probaremos* el pastel
They *try* the cake Ellos *prueban* el pastel	They *tried* the cake Ellos *probaron* el pastel	They *will try* the cake Ellos *probarán* el pastel
You *try* the cake Ustedes *prueban* el pastel	You *tried* the cake Ustees *probaron* el pastel	You *will try* the cake Ustees *probarán* el pastel

21. To ask/*Preguntar*

PRESENT *PRESENTE*	PAST *PASADO*	FUTURE *FUTURO*
I *ask* a question Yo *pregunto*	I *asked* a question Yo *pregunté*	I *will ask* a question Yo *preguntaré*
You *ask* a question Usted *pregunta*	You *asked* a question Usted *preguntó*	You *will ask* a question Usted *preguntará*
He *asks* a question El *pregunta*	He *asked* a question El *preguntó*	He *will ask* a question El *preguntará*
We *ask* a question Nosotros *preguntamos*	We *asked* a question Nosotros *preguntábamos*	We *will ask* a question Nostros *preguntaremos*
They *ask* a question Ellos *preguntan*	They *asked* a question Ellos *preguntaron*	They *will ask* a question Ellos *preguntarán*
You *ask* a question Ustedes *preguntan*	You *asked* a question Ustedes *preguntaron*	You *will ask* a question Ustedes *preguntarán*

22. To need/*Necesitar*

PRESENT *PRESENTE*	PAST *PASADO*	FUTURE *FUTURO*
I *need* help Yo *necesito* ayuda	I *needed* help Yo *necesitaba* ayuda	I *will need* help Yo *necesitaré* ayuda
You *need* help Usted *necesita* ayuda	You *needed* help Usted *necesitaba* ayuda	You *will need* help Usted *necesitará* ayuda

He *needs* help	He *needed* help	He *will need* help
El *necesita* ayuda	El *necesitaba* ayuda	El *necesitará* ayuda
We *need* help	We *needed* help	We *will need* help
Nosotros *necesitamos* ayuda	Nosotros *necesitábamos* ayuda	Nosotros *necesitaremos* ayuda
They *need* help	They *needed* help	They *will need* help
Ellos *necesitan* ayuda	Ellos *necesitaban* ayuda	Ellos *necesitarán* ayuda
You *need* help	You *needed* help	You *will need* help
Ustedes *necesitan* ayuda	Ustedes *necesitaban* ayuda	Ustedes *necesitarán*

23. To feel/*Sentir*

PRESENT *PRESENTE*	PAST *PASADO*	FUTURE *FUTURO*
I *feel* sad	I *felt* sad	I *will feel* sad
Yo me *siento* triste	Yo me *sentí* triste	Yo me *sentiré* triste
You *feel* sad	You *felt* sad	You *will feel* sad
Usted se *siente* triste	Usted se *sintió* triste	Usted se *sentirá* triste
He *feels* sad	He *felt* sad	He *will feel* sad
El se *siente* triste	El se *sintió* triste	El se *sentirá* triste
We *feel* sad	We *felt* sad	We *will feel* sad
Nosotros nos *sentimos* tristes	Nosotros nos *sentíamos* tristes	Nosotros nos *sentiremos* tristes
They *feel* sad	They *felt* sad	They *will feel* sad
Ellos se *sienten* tristes	Ellos se *sintieron* tristes	Ellos se *sentirán* tristes
You *feel* sad	You *felt* sad	You *will feel* sad
Ustedes se *sienten* tristes	Ustedes se *sintieron* tristes	Ustedes se *sentirán* tristes

24. To become/*Hacerse*

PRESENT *PRESENTE*	PAST *PASADO*	FUTURE *FUTURO*
I *become* rich	I *became* rich	I *will become* rich
Yo me *hago* rico	Yo me *hice* rico	Yo me *hare* rico
You *become* rich	You *became* rich	You *will become* rich
Usted se *hace* rico	Usted se *hizo* rico	Usted se *hará* rico
He *becomes* rich	He *became* rich	He *will become* rich
El se *hace* rico	El se *hizo* rico	El se *hará* rico

We *become* rich Nosotros nos *hacemos* ricos	We *became* rich Nosotros nos *hicimos* ricos	We *will become* rich Nosotros nos *haremos* ricos
They *become* rich Ellos se *hacen* ricos	They *became* rich Ellos se *hicieron* ricos	They *will become* rich Ellos se *harán* ricos
You *become* rich Ustedes se *hacen* ricos	You *became* rich Ustedes se *hicieron* ricos	You *will become* rich Ustedes se *harán* ricos

25. To leave/*Dejar*

PRESENT *PRESENTE*	PAST *PASADO*	FUTURE *FUTURO*
I *leave* work Yo *dejo* el trabajo	I *left* work Yo *dejé* el trabajo	I *will leave* work Yo *dejaré* el trabajo
You *leave* work Usted *deja* el trabajo	You *left* work Usted *dejó* el trabajo	You *will leave* work Usted *dejará* el trabajo
He *leaves* work El *deja* el trabajo	He *left* work El *dejó* el trabajo	He *will leave* work El *dejará* el trabajo
We *leave* work Nosotros *dejamos* el trabajo	We *left* work Nosotros *dejábamos* el trabajo	We *will leave* work Nosotros *dejaremos* el trabajo
They *leave* work Ellos *dejan* el trabajo	They *left* work Ellos *dejaron* el trabajo	They *will leave* work Ellos *dejarán* el trabajo
You *leave* work Ustedes *dejan* el trabajo	You *left* work Ustedes *dejaron* el trabajo	You *will leave* work Ustedes *dejarán* el trabajo

26. To put/*Poner*

PRESENT *PRESENTE*	PAST *PASADO*	FUTURE *FUTURO*
I *put* the hat Yo *pongo* el sombrero	I *put* the hat Yo *puse* el sombrero	I *will put* the hat Yo *pondré* el sombrero
You *put* the hat Usted *pone* el sombrero	You *put* the hat Usted *puso* el sombrero	You *will put* the hat Usted *pondrá* el sombrero
He *puts* the hat El *pone* el sombrero	He *put* the hat El *puso* el sombrero	He *will put* the hat El *pondrá* el sombrero
We *put* the hat Nosotros *ponemos* el sombrero	We *put* the hat Nosotros *pusimos* el sombrero	We *will put* the hat Nosotros *pondremos* el sombrero

They *put* the hat Ellos *ponen* el sombrero	They *put* the hat Ellos *pusieron* el sombrero	They *will put* the hat Ellos *pondrán* el sombrero
You *put* the hat Ustees *ponen* el sombrero	You *put* the hat Ustedes *pusieron* el sombrero	You *will put* the hat Ustedes *pondrán* el sombrero

27. To mean/*Decir en serio*

PRESENT *PRESENTE*	PAST *PASADO*	FUTURE *FUTURO*
I *mean* that Yo lo *digo en serio*	I *meant* that Yo lo *dije en serio*	I *will mean* that Yo lo *dire en serio*
You *mean* that Usted lo *dice en serio*	You *meant* that Usted lo *dijo en serio*	You *will mean* that Usted lo *dirá en serio*
He *means* that El lo *dice en serio*	He *meant* that El lo *dijo en serio*	He *will mean* that El lo *dirá en serio*
We *mean* that Nosotros lo *decimos en serio*	We *meant* that Nosotros lo *dijimos en serio*	We *will mean* that Nosotros lo *diremos en serio*
They *mean* that Ellos lo *dicen en serio*	They *meant* that Ellos lo *dijeron en serio*	They *will mean* that Ellos lo *dirán en serio*
You *mean* that Ustedes lo *dicen en serio*	You *meant* that Ustedes lo *dijeron en serio*	You *will mean* that Ustedes lo *dirán en serio*

28. To keep/*Mantener*

PRESENT *PRESENTE*	PAST *PASADO*	FUTURE *FUTURO*
I *keep* a secret Yo *mantengo* un secreto	I *kept* a secret Yo *mantuve* un secreto	I *will keep* a secret Yo *mantendré* un secreto
You *keep* a secret Usted *mantiene* un secreto	You *kept* a secret Usted *mantuvo* un secreto	You *will keep* a secret Usted *mantendrá* un secreto
He *keeps* a secret El *mantiene* un secreto	He *kept* a secret El *mantuvo* un secreto	He *will keep* a secret El *mantendrá* un secreto
We *keep* a secret Nosotros *mantenemos* un secreto	We *kept* a secret Nosotros *mantuvimos* un secreto	We *will keep* a secret Nosotros *mantendremos* un secreto
They *keep* a secret Ellos *mantienen* un secreto	They *kept* a secret Ellos *mantuvieron* un	They *will keep* a secret Ellos *mantendrán* un secreto

	secreto	
You *keep* a secret Ustedes *mantienen* un secreto	You *kept* a secret Ustedes *mantuvieron* un secreto	You *will keep* a secret Ustedes *mantendrán* un secreto

29. To let/*Dejar*

PRESENT *PRESENTE*	PAST *PASADO*	FUTURE *FUTURO*
I *let* her Yo la *dejo*	I *let* her Yo la *dejé*	I *will let* her Yo la *dejaré*
You *let* her Usted la *deja*	You *let* her Usted la dejó	You *will let* her Usted la *dejará*
He *lets* her El la *deja*	He *let* her El la *dejó*	He *will let* her El la *dejará*
We *let* her Nosotros la *dejamos*	We *let* her Nosotros la *dejábamos*	We *will let* her Nosotros la *dejaremos*
They *let* her Ellos la *dejan*	They *let* her Ellos la *dejaron*	They *will let* her Ellos la *dejarán*
You *let* her Ustedes la *dejan*	You *let* her Ustedes la *dejaban*	You *will let* her Ustedes la *dejarán*

30. To begin/*Comenzar*

PRESENT *PRESENTE*	PAST *PASADO*	FUTURE *FUTURO*
I *begin* singing Yo *comienzo* a cantar	I *began* singing Yo *comencé* a cantar	I *will begin* singing Yo *comenzaré* a cantar
You *begin* singing Usted *comienza* a cantar	You *began* singing Usted *comenzó* a cantar	You *will begin* singing Usted *comenzará* a cantar
He *begins* singing El *comienza* a cantar	He *began* singing El *comenzó* a cantar	He *will begin* singing El *comenzará* a cantar
We *begin* singing Nosotros *comenzamos* a cantar	We *began* singing Nosotros *comenzábamos* a cantar	We *will begin* singing Nostros *comenzaremos* a cantar
They *begin* singing Ellos *comienzan* a cantar	They *began* singing Ellos *comenzaron* a cantar	They *will begin* singing Ellos *comenzarán* a cantar
You *begin* singing	You *began* singing	You *will begin* singing

Ustedes *comienzan* a cantar	Ustedes *comenzaron* a cantar	Ustedes *comenzarán* a cantar

31. To seem/*Parecer*

PRESENT PRESENTE	PAST PASADO	FUTURE FUTURO
I *seem happy* Yo *parezco* feliz	I *seemed* happy Yo *parecía* feliz	I *will seem* happy Yo *pareceré* feliz
You *seem happy* Usted *parece* feliz	You *seemed* happy Usted *parecía* feliz	You *will seem* happy Usted *parecerá* feliz
He *seems happy* El *parece* feliz	He *seemed* happy El *parecía* feliz	He *will seem* happy El *parecerá* feliz
We *seem happy* Nosotros *parecemos* felices	We *seemed* happy Nosotros *parecíamos* felices	We *will seem* happy Nosotros *pareceremos* felices
They *seem happy* Ellos *parecen* felices	They *seemed* happy Ellos *parecían* felices	They *will seem* happy Ellos *parecerán* felices
You *seem happy* Ustedes *parecen* felices	You *seemed* happy Ustedes *parecían* felices	You *will seem* happy Ustedes *parecerán* felices

32. To help/*Ayudar*

PRESENT PRESENTE	PAST PASADO	FUTURE FUTURO
I *help* a lot Yo *ayudo* mucho	I *helped* a lot Yo *ayudé* mucho	I *will help* a lot Yo *ayudaré* mucho
You *help* a lot Usted *ayuda* mucho	You *helped* a lot Usted *ayudó* mucho	You *will help* a lot Usted *ayudará* mucho
He *helps* a lot El *ayuda* mucho	He *helped* a lot El *ayudó* mucho	He *will help* a lot El *ayudará* mucho
We *help* a lot Nosotros *ayudamos* mucho	We *helped* a lot Nosotros *ayudábamos* mucho	We *will help* a lot Nosotros *ayudaremos* mucho
They *help* a lot Ellos *ayudan* mucho	They *helped* a lot Ellos *ayudaron* mucho	They *will help* a lot Ellos *ayudarán* mucho
You *help* a lot Ustedes *ayudan* mucho	You *helped* a lot Ustedes *ayudaron* mucho	You *will help* a lot Ustedes *ayudarán* mucho

33. To show/*Mostrar*

PRESENT *PRESENTE*	PAST *PASADO*	FUTURE *FUTURO*
I *show* the ticket Yo *muestro* el ticket	I *showed* the ticket Yo *mostré* el ticket	I *will show* the ticket Yo *mostraré* el ticket
You *show* the ticket Usted *muestra* el ticket	You *showed* the ticket Usted *mostró* el ticket	You *will show* the ticket Usted *mostrará* el ticket
He *shows* the ticket El *muestra* el ticket	He *showed* the ticket El *mostró* el ticket	He *will show* the ticket El *mostrará* el ticket
We *show* the ticket Nosotros *mostramos* el ticket	We *showed* the ticket Nostros *mostrábamos* el ticket	We *will show* the ticket Nosotros *mostraremos* el ticket
They *show* the ticket Ellos *muestran* el ticket	They *showed* the ticket Ellos *mostraron* el ticket	They *will show* the ticket Ellos *mostrarán* el ticket
You *show* the ticket Ustedes *muestran* el ticket	You *showed* the ticket Ustedes *mostraron* el ticket	You *will show* the ticket Ustedes *mostrarán* el ticket

34. To hear/*Escuchar*

PRESENT *PRESENTE*	PAST *PASADO*	FUTURE *FUTURO*
I *hear* music Yo *escucho* música	I *heard* music Yo *escuché* música	I *will hear* music Yo *escucharé* música
You *hear* music Usted *escucha* música	You *heard* music Usted *escuchó* música	You *will hear* music Usted *escuchará* música
He *hears* music El *escucha* música	He *heard* music El *escuchó* música	He *will hear* music El *escuchará* música
We *hear* music Nosotros *escuchamos* música	We *heard* music Nosotros *escuchábamos* música	We *will hear* music Nosotros *escucharemos* música
They *hear* music Ellos *escuchan* música	They *heard* music Ellos *escucharon* música	They *will hear* music Ellos *escucharán* música
You *hear* music Ustedes *escuchan* música	You *heard* music Ustedes *escucharon* música	You *will hear* music Ustedes *escucharán* música

35. To play/*Tocar*

| PRESENT | PAST | FUTURE |
PRESENTE	PASADO	FUTURO
I *play* guitar Yo *toco* guitarra	I *played* guitar Yo *toqué* guitarra	I *will play* guitar Yo *tocaré* guitarra
You *play* guitar Usted *toca* guitarra	You *played* guitar Usted *tocó* guitarra	You *will play* guitar Usted *tocará* guitarra
He *plays* guitar El *toca* guitarra	He *played* guitar El *tocó* guitarra	He *will play* guitar El *tocará* guitarra
We *play* guitar Nosotros *tocamos* guitarra	We *played* guitar Nosotros *tocábamos* guitarra	We *will play* guitar Nostros *tocaremos* guitarra
They *play* guitar Ellos *tocan* guitarra	They *played* guitar Ellos *tocaban* guitarra	They *will play* guitar Ellos *tocarán* guitarra
You *play* guitar Ustedes *tocan* guitarra	You *played* guitar Ustedes *tocaban* guitarra	You *will play* guitar Ustedes *tocarán* guitarra

36. To run/*Correr*

| PRESENT | PAST | FUTURE |
PRESENTE	PASADO	FUTURO
I *run* every day *Corro* todos los días	I *ran* every day *Corrí* todos los días	I *will run* every day *Correré* todos los días
You *run* every day Usted *corre* todos los días	You *ran* every day Usted *corría* todos los días	You *will run* every day Usted *correrá* todos los días
He *runs* every day El *corre* todos los días	He *ran* every day El *corría* todos los días	He *will run* every day El *correrá* todos los días
We *run* every day Nosotros *corremos* todos los días	We *ran* every day Nosotros *corríamos* todos los días	We *will run* every day Nosotros *correremos* todos los días
They *run* every day Ellos *corren* todos los días	They *ran* every day Ellos *corrían* todos los días	They *will run* every day Ellos *correrán* todos los días
You *run* every day Ustedes *corren* todos los días	You *ran* every day Ustedes *corrieron* todos los días	You *will run* every day Ustedes *correrán* todos los días

37. To move/*Mover*

| PRESENT | PAST | FUTURE |
PRESENTE	PASADO	FUTURO
I *move* the car	I *moved* the car	I *will move* the car

Yo *muevo* el carro	Yo *moví* el carro	Yo *moveré* el carro
You *move* the car Usted *mueve* el carro	You *moved* the car Usted *movió* el carro	You *will move* the car Usted *moverá* el carro
He *moves* the car El *mueve* el carro	He *moved* the car El *movió* el carro	He *will move* the car El *moverá* el carro
We *move* the car Nosotros *movemos* el carro	We *moved* the car Nosotros *movimos* el carro	We *will move* the car Nosotros *moveremos* el carro
They *move* the car Ellos *mueven* el carro	They *moved* the car Ellos *movieron* el carro	They *will move* the car Ellos *moveran* el carro
You *move* the car Ustedes *mueven* el carro	You *moved* the car Ustedes *movieron* el carro	You *will move* the car Ustedes *moverán* el carro

38. To live/*Vivir*

PRESENT *PRESENTE*	PAST *PASADO*	FUTURE *FUTURO*
I *live* here Yo vivo aquí	I *lived* here Yo viví aquí	I *will live* here *Yo* viviré aquí
You *live* here Usted vive aquí	You *lived* here Usted vivió aquí	You *will live* here *Usted* vivirá aquí
He *lives* here El vive aquí	He *lived* here El vivió aquí	He *will live* here *El* vivirá aquí
We *live* here Nosotros vivimos aquí	We *lived* here Nosotros vivíamos aquí	We *will live* here *Nosotros* viviremos aquí
They *live* here Ellos viven aquí	They *lived* here Ellos vivieron aquí	They *will live* here *Ellos* vivirán aquí
You *live* here Ustedes viven aquí	You *lived* here Ustedes vivieron aquí	You *will live* here *Ustedes* vivirán aquí

39. To believe/*Creer*

PRESENT *PRESENTE*	PAST *PASADO*	FUTURE *FUTURO*
I *believe* the news Yo *creo* las noticias	I *believed* the news Yo *creía* las noticias	I *will believe* the news Yo *creeré* las noticias
You *believe* the news Usted *cree* las noticias	You *believed* the news Usted *creía* las noticias	You *will believe* the news Usted *creerá* las noticias
He *believes* the news	He *believed* the news	He *will believe* the news

El *cree* las noticias	El *creía* las noticias	El *creerá* las noticias
We *believe* the news Nosotros *creemos* las noticias	We *believed* the news Nosotros *creímos* las noticias	We *will believe* the news Nosotros *creeremos* las noticias
They *believe* the news Ellos *creen* las noticias	They *believed* the news Ellos *creyeron* las noticias	They *will believe* the news Ellos *creerán* las noticias
You *believe* the news Ustedes *creen* las noticias	You *believed* the news Ustedes *creyeron* las noticias	You *will believe* the news Ustedes *creerán* las noticias

40. To bring/*Traer*

PRESENT *PRESENTE*	PAST *PASADO*	FUTURE *FUTURO*
I *bring* cake Yo *traigo* pastel	I *brought* cake Yo *traje* pastel	I *will bring* cake Yo *traeré* pastel
You *bring* cake Usted *trae* pastel	You *brought* cake Usted *trajo* pastel	You *will bring* cake Usted *traerá* pastel
He *brings* cake El *trae* pastel	He *brought* cake El *trajo* pastel	He *will bring* cake El *traerá* pastel
We *bring* cake Nosotros *traemos* pastel	We *brought* cake Nosotros *trajimos* pastel	We *will bring* cake Nosotros *traeremos* pastel
They *bring* cake Ellos *traen* pastel	They *brought* cake Ellos *trajeron* pastel	They *will bring* cake Ellos *traerán* pastel
You *bring* cake Ustedes *traen* pastel	You *brought* cake Ustedes *trajeron* pastel	You *will bring* cake Ustedes *traerán* pastel

41. To happen/*Saber*

PRESENT *PRESENTE*	PAST *PASADO*	FUTURE *FUTURO*
I *happen* to know Yo *sé*	I *happened* to know Yo *sabía*	I *will happen* to know Yo *sabré*
You *happen* to know Usted *sabe*	You *happened* to know Usted *sabía*	You *will happen* to know Usted *sabrá*
He *happens* to know El *sabe*	He *happened* to know El *sabía*	He *will happen* to know El *sabrá*
We *happen* to know	We *happened* to know	We *will happen* to know

Nosotros *sabemos*	Nosotros *sabíamos*	Nosotros *sabremos*
They *happen* to know Ellos *saben*	They *happened* to know Ellos *sabían*	They *will happen* to know Ellos *sabrán*
You *happen* to know Ustedes *saben*	You *happened* to know Ustedes *sabían*	You *will happen* to know Ustedes *sabrán*

42. To write/*Escribir*

PRESENT *PRESENTE*	PAST *PASADO*	FUTURE *FUTURO*
I *write* a book Yo *escribo* un libro	I *wrote* a book Yo *escribe* un libro	I *will write* a book Yo *escribiré* un libro
You *write* a book Usted *escribe* un libro	You *wrote* a book Usted *escribió* un libro	You *will write* a book Usted *escribirá* un libro
He *writes* a book El *escribe* un libro	He *wrote* a book El *escribió* un libro	He *will write* a book El *escribirá* un libro
We *write* a book Nosotros *escribimos* un libro	We *wrote* a book Nosotros *escribimos* un libro	We *will write* a book Nosotros *escribiremos* un libro
They *write* a book Ellos *escriben* un libro	They *wrote* a book Ellos *escribieron* un libro	They *will write* a book Ellos *escribirán* un libro
You *write* a book Ustedes *escriben* un libro	You *wrote* a book Ustedes *escribieron* un libro	You *will write* a book Ustedes *escribirán* un libro

43. To sit/*Sentarse*

PRESENT *PRESENTE*	PAST *PASADO*	FUTURE *FUTURO*
I *sit* on a chair Yo me *siento* en una silla	I *sat* on a chair Yo me *senté* en una silla	I *will sit* on a chair Yo me *sentaré* en una silla
You *sit* on a chair Usted se *sienta* en una silla	You *sat* on a chair Usted se *sentó* en una silla	You *will sit* on a chair Usted se *sentará* en una silla
He *sits* on a chair El se *sienta* en una silla	He *sat* on a chair El se *sentaba* en una silla	He *will sit* on a chair El se *sentará* en una silla
We *sit* on a chair Nosotros nos *sentamos* en una silla	We *sat* on a chair Nosotros nos *sentábamos* en una silla	We *will sit* on a chair Nosotros nos *sentaremos* en una silla
They *sit* on a chair	They *sat* on a chair	They *will sit* on a chair

Ellos se *sientan* en una silla	Ellos se *sentaban* en una silla	Ellos se *sentarán* en una silla
You *sit* on a chair Ustedes se *sientan* en una silla	You *sat* on a chair Ustedes se *sentaron* en una silla	You *will sit* on a chair Ustedes se *sentarán* en una silla

44. To stand/*Pararse*

PRESENT *PRESENTE*	PAST *PASADO*	FUTURE *FUTURO*
I *stand* behind Yo me *paro* atrás	I *stood* behind Yo me *pare* atrás	I *will stand* behind Yo me *pararé* atrás
You *stand* behind Usted se *para* atrás	You *stood* behind Usted se *paró* atrás	You *will stand* behind Usted se *parará* atrás
He *stands* behind El se *para* atrás	He *stood* behind El se *paraba* atrás	He *will stand* behind El se *parará* atrás
We *stand* behind Nosotros nos *paramos* atrás	We *stood* behind Nosotros nos *parábamos* atrás	We *will stand* behind Nosotros nos *pararemos* atrás
They *stand* behind Ellos se *paran* atrás	They *stood* behind Ellos se *pararon* atrás	They *will stand* behind Ellos se *pararán* atrás
You *stand* behind Ustedes se *paran* atrás	You *stood* behind Ustedes se *paraban* atrás	You *will stand* behind Ustedes se *pararán* atrás

45. To lose/*Perder*

PRESENT *PRESENTE*	PAST *PASADO*	FUTURE *FUTURO*
I *lose* the game Yo *pierdo* el juego	I *lost* the game Yo *perdí* el juego	I *will lose* the game Yo *perderé* el juego
You *lose* the game Usted *pierde* el juego	You *lost* the game Usted *perdió* el juego	You *will lose* the game Usted *perderá* el juego
He *loses* the game El *pierde* el juego	He *lost* the game El *perdió* el juego	He *will lose* the game El *perderá*
We *lose* the game Nosotros *perdemos* el juego	We *lost* the game Nosotros *perdimos* el juego	We *will lose* the game Nosotros *perderemos* el juego
They *lose* the game Ellos *pierden* el juego	They *lost* the game Ellos *perdían* el juego	They *will lose* the game Ellos *perderán* el juego
You *lose* the game	You *lost* the game	You *will lose* the game

| Ustedes *pierden* el juego | Ustedes *perdieron* el juego | Ustedes *perderán* el juego |

46. To pay/*Pagar*

PRESENT *PRESENTE*	PAST *PASADO*	FUTURE *FUTURO*
I *pay* the bill Yo *pago* la cuenta	I *paid* the bill Yo *pagué* la cuenta	I *will pay* the bill Yo *pagaré* la cuenta
You *pay* the bill Usted *paga* la cuenta	You *paid* the bill Usted *pagó* la cuenta	You *will pay* the bill Usted *pagará* la cuenta
He *pays* the bill El *paga* la cuenta	He *paid* the bill El *pagaba* la cuenta	He *will pay* the bill El *pagará* la cuenta
We *pay* the bill Nosotros pagamos la cuenta	We *paid* the bill Nosotros pagábamos la cuenta	We *will pay* the bill Nosotros pagaremos la cuenta
They *pay* the bill Ellos *pagan* la cuenta	They *paid* the bill Ellos *pagaron* la cuenta	They *will pay* the bill Ellos *pagarán* la cuenta
You *pay* the bill Ustedes *pagan* la cuenta	You *paid* the bill Ustedes *pagaron* la cuenta	You *will pay* the bill Ustedes *pagarán* la cuenta

47. To meet/*Conocer*

PRESENT *PRESENTE*	PAST *PASADO*	FUTURE *FUTURO*
I *meet* people Yo *conozco* personas	I *met* people Yo *conocí* personas	I *will meet* people Yo *conoceré* personas
You *meet* people Usted *conoce* personas	You *met* people Usted *conoció* personas	You *will meet* people Usted *conocerá* personas
He *meets* people El *conoce* personas	He *met* people El *conocía* personas	He *will meet* people El *conocerá* personas
We *meet* people Nosotros *conocemos* personas	We *met* people Nosotros *conociamos* personas	We *will meet* people Nosotros *conoceremos* personas
They *meet* people Ellos *conocen* personas	They *met* people Ellos *conocieron* personas	They *will meet* people Ellos *conocerán* personas
You *meet* people Ustedes *conocen*	You *met* people Ustedes *conocían* personas	You *will meet* people Ustedes *conocerán* personas

48. To include/*Incluir*

PRESENT *PRESENTE*	PAST *PASADO*	FUTURE *FUTURO*
I *include* Sarah Yo *incluyo* a Sarah	I *included* Sarah Yo *incluí* a Sarah	I *will include* Sarah Yo *incluiré* a Sarah
You *include* Sarah Usted *incluye* a Sarah	You *included* Sarah Usted *incluyó* a Sarah	You *will include* Sarah Usted *incluirá* a Sarah
He *includes* Sarah El *incluye* a Sarah	He *included* Sarah El *incluyó* a Sarah	He *will include* Sarah El *incluirá* a Sarah
We *include* Sarah Nosotros *incluimos* a Sarah	We *included* Sarah Nosotros *incluímos* a Sarah	We *will include* Sarah Nosotros *incluiremos* a Sarah
They *include* Sarah Ellos *incluyen* a Sarah	They *included* Sarah Ellos *incluyeron* a Sarah	They *will include* Sarah Ellos *incluirán* a Sarah
You *include* Sarah Ustedes *incluyen* a Sarah	You *included* Sarah Ustedes *incluyeron* a Sarah	You *will include* Sarah Ustedes *incluirán* a Sarah

49. To continue/*Continuar*

PRESENT *PRESENTE*	PAST *PASADO*	FUTURE *FUTURO*
I *continue* the story Yo *continúo* la historia	I *continued* the story Yo *continué* la historia	I *will continue* the story Yo *continuaré* la historia
You *continue* the story Usted *continua* la historia	You *continued* the story Usted *continuó* la historia	You *will continue* the story Usted *continuará* la historia
He *continues* the story El *continua* la historia	He *continued* the story El *continuó* la historia	He *will continue* the story El *continuará* la historia
We *continue* the story Nosotros *continuamos* la historia	We *continued* the story Nosotros *continuamos* la historia	We *will continue* the story Nosotros *continuaremos* la historia
They *continue* the story Ellos *continuan* la historia	They *continued* the story Ellos *continuaron* la historia	They *will continue* the story Ellos *continuarán* la historia
You *continue* the story Ustedes *continuan* la historia	You *continued* the story Ustedes *continuaron* la historia	You *will continue* the story Ustedes *continuarán* la historia

50. To set/*Establecer*

PRESENT *PRESENTE*	PAST *PASADO*	FUTURE *FUTURO*
I *set* the mood Yo *establezco* el ambiente	I *set* the mood Yo *establecí* el ambiente	I *will set* the mood Yo *estableceré* el ambiente
You *set* the mood Usted *establece* el ambiente	You *set* the mood Usted *estableció* el ambiente	You *will set* the mood Usted *establecerá* el ambiente
He *sets* the mood El *establece* el ambiente	He *set* the mood El *estableció* el ambiente	He *will set* the mood El *establecerá* el ambiente
We *set* the mood Nosotros *establecemos* el ambiente	We *set* the mood Nosotros *establecimos* el ambiente	We *will set* the mood Nosotros *estableceremos* el ambiente
They *set* the mood Ellos *Establecen* el ambiente	They *set* the mood Ellos *establecieron* el ambiente	They *will set* the mood Ellos *establecerán* el ambiente
You *set* the mood Ustedes *establecen* el ambiente	You *set* the mood Ustedes *establecieron* el ambiente	You *will set* the mood Ustedes *establecerán* el ambiente

51. To learn/*Aprender*

PRESENT *PRESENTE*	PAST *PASADO*	FUTURE *FUTURO*
I *learn* a lesson Yo *aprendo* una lección	I *learnt/learned* a lesson Yo *aprendí* una lección	I *will learn* a lesson Yo *aprenderé* una lección
You *learn* a lesson Usted *aprende* una lección	You *learnt/learned* a lesson Usted *aprendió* una lección	You *will learn* a lesson Usted *aprenderá* una lección
He *learns* a lesson El *aprende* una lección	He *learnt/learned* a lesson El *aprendió* una lección	He *will learn* a lesson El *aprenderá* una lección
We *learn* a lesson Nosotros *aprendemos* una lección	We *learnt/learned* a lesson Nosotros *aprendimos* una lección	We *will learn* a lesson Nosotros *aprenderemos* una lección
They *learn* a lesson Ellos *aprenden* una lección	They *learnt/learned* a lesson Ellos *aprendieron* una lección	They *will learn* a lesson Ellos *aprenderán* una lección
You *learn* a lesson Ustedes *aprenden* una lección	You *learnt/learned* a lesson Ustedes *aprendieron* una lección	You *will learn* a lesson Ustedes *aprenderán* una lección

52. To change/*Cambiar*

PRESENT PRESENTE	PAST PASADO	FUTURE FUTURO
I *change* the shirt Yo *cambio* la camiseta	I *changed* the shirt Yo *cambié* la camiseta	I *will change* the shirt Yo *cambiaré* la camiseta
You *change* the shirt Usted *cambia* la camiseta	You *changed* the shirt Usted *cambió* la camiseta	You *will change* the shirt Usted *cambiará* la camiseta
He *changes* the shirt El *cambia* la camiseta	He *changed* the shirt El *cambió* la camiseta	He *will change* the shirt El *cambiará* la camiseta
We *change* the shirt Nosotros *cambiamos* la camiseta	We *changed* the shirt Nosotros *cambiamos* la camiseta	We *will change* the shirt Nosotros *cambiaremos* la camiseta
They *change* the shirt Ellos *cambian* la camiseta	They *changed* the shirt Ellos *cambiaron* la camiseta	They *will change* the shirt Ellos *cambiarán* la camiseta
You *change* the shirt Ustedes *cambian* la camiseta	You *changed* the shirt Ustedes *cambiaron* la camiseta	You *will change* the shirt Ustedes *cambiarán* la camiseta

53. To lead/*Liderar*

PRESENT PRESENTE	PAST PASADO	FUTURE FUTURO
I *lead* the group Yo *lidero* al grupo	I *led* the group Yo *lideré* al grupo	I *will lead* the group Yo *lideraré* al grupo
You *lead* the group Usted *lidera* al grupo	You *led* the group Usted *lideró* al grupo	You *will lead* the group Usted *liderará* al grupo
He *leads* the group El *lidera* al grupo	He *led* the group El *lideró* al grupo	He *will lead* the group El *liderará* al grupo
We *lead* the group Nosotros *lideramos* al grupo	We *led* the group Nosotros *lideramos* al grupo	We *will lead* the group Nosotros *lideraremos* al grupo
They *lead* the group Ellos *lideran* al grupo	They *led* the group Ellos *lideraron* al grupo	They *will lead* the group Ellos *liderarán* al grupo
You *lead* the group Ustedes *lideran* al grupo	You *led* the group Ustedes *lideraron* al grupo	You *will lead* the group Ustedes *liderarán* al grupo

54. To understand/*Entender*

PRESENT PRESENTE	PAST PASADO	FUTURE FUTURO
I *understand* the message Yo entiendo el mensaje	I *understood* the message Yo entendí el mensaje	I *will understand* the message Yo entenderé el mensaje
You *understand* the message Usted entiende el mensaje	You *understood* the message Usted entendió el mensaje	You *will understand* the message Usted entenderá el mensaje
He *understands* the message El entiende v	He *understood* the message El entendió el mensaje	He *will understand* the message El entenderá el mensaje
We *understand* the message Nosotros entendemos el mensaje	We *understood* the message Nosotros entendímos el mensaje	We *will understand* the message Nosotros entederemos el mensaje
They *understand* the message Ellos entienden el mensaje	They *understood* the message Ellos entendían el mensaje	They *will understand* the message Ellos entenderán el mensaje
You *understand* the message Ustedes entienden el mensaje	You *understood* the message Ustedes entendieron el mensaje	You *will understand* the message Ustedes entenderán el mensaje

55. To watch/*Ver*

PRESENT PRESENTE	PAST PASADO	FUTURE FUTURO
I *watch* a movie Yo *veo* una película	I *watched* a movie Yo *ví* una película	I *will watch* a movie Yo *veré* una película
You *watch* a movie Usted *ve* una película	You *watched* a movie Usted *vió* una película	You *will watch* a movie Usted *verá* una película
He *watches* a movie El *ve* una película	He *watched* a movie El *vió* una película	He *will watch* a movie El *verá* una película
We *watch* a movie Nosotros *vemos* una película	We *watched* a movie Nosotros *veíamos* una película	We *will watch* a movie Nosotros *veremos* una película
They *watch* a movie Ellos *ven* una película	They *watched* a movie Ellos *veían* una película	They *will watch* a movie Ellos *verán* una película
You *watch* a movie Ustedes *ven* una película	You *watched* a movie Ustedes *veían* una película	You *will watch* a movie Ustedes *verán* una película

56. To follow/*Seguir*

PRESENT *PRESENTE*	PAST *PASADO*	FUTURE *FUTURO*
I *follow* the rules Yo *sigo* las reglas	I *followed* the rules Yo *seguí* las reglas	I will *follow* the rules Yo *seguiré* las reglas
You *follow* the rules Usted *sigue* las reglas	You *followed* the rules Usted *siguió* las reglas	You *will follow* the rules Usted *seguirá* las reglas
He *follows* the rules El *sigue* las reglas	He *followed* the rules El *siguió* las reglas	He *will follow* the rules El *seguirá* las reglas
We *follow* the rules Nosotros *seguimos* las reglas	We *followed* the rules Nosotros *seguimos* las reglas	We *will follow* the rules Nosotros *seguiremos* las reglas
They *follow* the rules Ellos *siguen* las reglas	They *followed* the rules Ellos *siguieron* las reglas	They *will follow* the rules Ellos *seguirán* las reglas
You *follow* the rules Ustedes *siguen* las reglas	You *followed* the rules Ustedes *siguieron* las reglas	You *will follow* the rules Ustedes *seguirán* las reglas

57. To stop/*Parar*

PRESENT *PRESENTE*	PAST *PASADO*	FUTURE *FUTURO*
I *stop* there Yo *paro* allí	I *stopped* there Yo *paré* allí	I *will stop* there Yo *pararé* allí
You *stop* there Usted *para* allí	You *stopped* there Usted *paró* allí	You *will stop* there Usted *parará* allí
He *stops* there El *para* allí	He *stopped* there El *paró* allí	He *will stop* there El *parará* allí
We *stop* there Nosotros *paramos* allí	We *stopped* there Nosotros *paramos* allí	We *will stop* there Nosotros *pararemos* allí
They *stop* there Ellos *paran* allí	They *stopped* there Ellos *pararon* allí	They *will stop* there Ellos *pararán* allí
You *stop* there Ustedes *paran* allí	You *stopped* there Ustedes *pararon* allí	You *will stop* there Ustedes *pararán* allí

58. To create/*Crear*

PRESENT *PRESENTE*	PAST *PASADO*	FUTURE *FUTURO*
I *create* art Yo *creo* arte	I *created* art Yo *creé* arte	I *will create* art Yo *crearé* arte
You *create* art Usted *crea* arte	You *created* art Usted *creó* arte	You *will create* art Usted *creará* arte
He *creates* art El *crea* arte	He *created* art El *creó* arte	He *will create* art El *creará* arte
We *create* art Nosotros *creamos* arte	We *created* art Nosotros *creamos* arte	We *will create* art Nosotros *crearemos* arte
They *create* art Ellos *crean* arte	They *created* art Ellos *crearon* arte	They *will create* art Ellos *crearán* arte
You *create* art Ustedes *crean* arte	You *created* art Ustedes *crearon* arte	You *will create* art Ustedes *crearán* arte

59. To speak/*Hablar*

PRESENT *PRESENTE*	PAST *PASADO*	FUTURE *FUTURO*
I *speak* truth Yo *hablo* la verdad	I *spoke* truth Yo *hablé* la verdad	I *will speak* truth Yo *hablaré* la verdad
You *speak* truth Usted *habla* la verdad	You *spoke* truth Usted *habló* la verdad	You *will speak* truth Ustedes *hablarán* la verdad
He *speaks* truth El *habla* la verdad	He *spoke* truth El *habló* la verdad	He *will speak* truth El *hablará* la verdad
We *speak* truth Nosotros *hablamos* la verdad	We *spoke* truth Nosotros *hablamos* la verdad	We *will speak* truth Nosotros *hablaremos* la verdad
They *speak* truth Ellos *hablan* la verdad	They *spoke* truth Ellos *hablaron* la verdad	They *will speak* truth Ellos *hablarán* la verdad
You *speak* truth Ustedes *hablan* la verdad	You *spoke* truth Ustedes *hablaron* la verdad	You *will speak* truth Ustedes *hablarán* la verdad

60. To read/*Leer*

PRESENT *PRESENTE*	PAST *PASADO*	FUTURE *FUTURO*

I *read* books Yo *leo* libros	I *read* books Yo *leí* libros	I *will read* books Yo *leeré* libros
You *read* books Usted *lee* libros	You *read* books Usted *leyó* libros	You *will read* books Usted *leerá* libros
He *reads* books El *lee* libros	He *read* books El *leyó* libros	He *will read* books El *leerá* libros
We *read* books Nosotros *leemos* libros	We *read* books Nosotros *leímos* libros	We *will read* books Nosotros *leeremos* libros
They *read* books Ellos *leen* libros	They *read* books Ellos *leyeron* libros	They *will read* books Ellos *leerán* libros
You *read* books Ustedes *leen* libros	You *read* books Ustedes *leyeron* libros	You *will read* books Usted *leerá* libros

61. To spend/*Gastar*

PRESENT *PRESENTE*	PAST *PASADO*	FUTURE *FUTURO*
I *spend* money Yo *gasto* dinero	I *spent* money Yo *gasté* dinero	I *will spend* money Yo *gastaré* dinero
You *spend* money Usted *gasta* dinero	You *spent* money Usted *gastó* dinero	You *will spend* money Usted *gastará* dinero
He *spends* money El *gasta* dinero	He *spent* money El *gastó* dinero	He *will spend* money El *gastará* dinero
We *spend* money Nosotros *gastamos* dinero	We *spent* money Nosotros *gastamos* dinero	We *will spend* money El *gastará* dinero
They *spend* money Ellos *gastan* dinero	They *spent* money Ellos *gastaron* dinero	They *will spend* money Ellos *gastarán* dinero
You *spend* money Ustedes *gastan* dinero	You *spent* money Ustedes *gastaron* dinero	You *will spend* money Usted *gastará* dinero

62. To grow/*Crecer*

PRESENT *PRESENTE*	PAST *PASADO*	FUTURE *FUTURO*
I *grow* a lot Yo *crezco* mucho	I *grew* a lot Yo *crecí* mucho	I *will grow* a lot Yo *creceré* mucho
You *grow* a lot Usted *crece* mucho	You *grew* a lot Usted *creció* mucho	You *will grow* a lot Usted *crecerá* mucho

He *grows* a lot El *crece* mucho	He *grew* a lot El *creció* mucho	He *will grow* a lot El *crecerá* mucho
We *grow* a lot Nosotros *crecemos* mucho	We *grew* a lot Nosotros *crecimos* mucho	We *will grow* a lot Nosotros *creceremos* mucho
They *grow* a lot Ellos *crecen* mucho	They *grew* a lot Ellos *crecieron* mucho	They *will grow* a lot Ellos *crecerán* mucho
You *grow* a lot Ustedes *crecen* mucho	You *grew* a lot Ustedes *crecieron* mucho	You *will grow* a lot Ustedes *crecerán* mucho

63. To open/*Abrir*

PRESENT *PRESENTE*	PAST *PASADO*	FUTURE *FUTURO*
I *open* the door Yo *abro* la puerta	I *opened* the door Yo *abrí* la puerta	I *will open* the door Yo *abriré* la puerta
You *open* the door Usted *abre* la puerta	You *opened* the door Usted *abrió* la puerta	You *will open* the door Usted *abrirá* la puerta
He *opens* the door El *abre* la puerta	He *opened* the door El *abrió* la puerta	He *will open* the door El *abrirá* la puerta
We *open* the door Nosotros *abrimos* la puerta	We *opened* the door Nosotros *abrimos* la puerta	We *will open* the door Nosotros *abriremos* la puerta
They *open* the door Ellos *abren* la puerta	They *opened* the door Ellos *abrieron* la puerta	They *will open* the door Ellos *abrirán* la puerta
You *open* the door Ustedes *abren* la puerta	You *opened* the door Ustedes *abrieron* la puerta	You *will open* the door Ustedes *abrirán* la puerta

64. To walk/*Caminar*

PRESENT *PRESENTE*	PAST *PASADO*	FUTURE *FUTURO*
I *walk* on the street Yo *camino* en la calle	I *walked* on the street Yo *caminé* en la calle	I *will walk* on the street Yo *caminaré* en la calle
You *walk* on the street Usted *camina* en la calle	You *walked* on the street Usted *caminó* en la calle	You *will walk* on the street Usted *caminará* en la calle
He *walks* on the street El *camina* en la calle	He *walked* on the street El *caminó* en la calle	He *will walk* on the street

		El *caminará* en la calle
We *walk* on the street Nosotros *caminamos* en la calle	We *walked* on the street Nosotros *caminamos* en la calle	We *will walk* on the street Nosotros *caminaremos* en la calle
They *walk* on the street Ellos *caminan* en la calle	They *walked* on the street Ellos *caminaron* en la calle	They *will walk* on the street Ellos *caminarán* en la calle
You *walk* on the street Ustedes *caminan* en la calle	You *walked* on the street Ustedes *caminaron* en la calle	You *will walk* on the street Ustedes *caminarán* en la calle

65. To win/*Ganar*

PRESENT *PRESENTE*	PAST *PASADO*	FUTURE *FUTURO*
I *win* the game Yo *gano* el juego	I *won* the game Yo *gané* el juego	I *will win* the game Yo *ganaré* el juego
You *win* the game Usted *gana* el juego	You *won* the game Usted *ganó* el juego	You *will win* the game Usted *ganará* el juego
He *wins* the game El *gana* el juego	He *won* the game El *ganó* el juego	He *will win* the game El *ganará* el juego
We *win* the game Nosotros *ganamos* el juego	We *won* the game Nosotros *ganamos* el juego	We *will win* the game Nosotros *ganaremos* el juego
They *win* the game Ellos *ganan* el juego	They *won* the game Ellos *ganaron* el juego	They *will win* the game Ellos *ganarán* el juego
You *win* the game Ustedes *ganan* el juego|	You *won* the game Ustedes *ganaron* el juego	You *will win* the game Ustedes *ganarán* el juego

66. To teach/*Enseñar*

PRESENT *PRESENTE*	PAST *PASADO*	FUTURE *FUTURO*
I *teach* math Yo *enseño* matemática	I *taught* math Yo *enseñé* matemática	I *will teach* math Yo *enseñaré* matemática
You *teach* math	You *taught* math	You *will teach* math

Usted *enseña* matemática	Usted *enseñó* matemática	Usted *enseñará* matemática
He *teaches* math El *enseña* matemática	He *taught* math El *enseñó* matemática	He *will teach* math El *enseñará* matemática
We *teach* math Nosotros *enseñamos* matemática	We *taught* math Nosotros *enseñamos* matemática	We *will teach* math Nosotros *enseñaremos* matemática
They *teach* math Ellos *enseñan* matemática	They *taught* math Ellos *enseñaron* matemática	They *will teach* math Ellos *enseñarán* matemática
You *teach* math Ustedes *enseñan* matemática	You *taught* math Ustedes *enseñaron* matemática	You *will teach* math Ustedes *enseñarán* matemática

67. To offer/*Ofrecer*

PRESENT *PRESENTE*	PAST *PASADO*	FUTURE *FUTURO*
I *offer* a deal Yo *ofrezco* un trato	I *offered* a deal Yo *ofrecí* un trato	I *will offer* a deal Yo *ofreceré* un trato
You *offer* a deal Usted *ofrece* un trato	You *offered* a dea Usted *ofreció* un trato	You *will offer* a deal Usted *ofrecerá* un trato
He *offers* a deal El *ofrece* un trato	He *offered* a deal El *ofreció* un trato	He *will offer* a deal El *ofrecerá* un trato
We *offer* a deal Nosotros *ofrecemos* un trato	We *offered* a deal Nosotros *ofrecimos* un trato	We *will offer* a deal Nosotros *ofreceremos* un trato
They *offer* a deal Ellos *ofrecen* un trato	They *offered* a deal Ellos *ofrecieron* un trato	They *will offer* a deal Ellos *ofrecerán* un trato
You *offer* a deal Ustedes *ofrecen* un trato	You *offered* a deal Ustedes *ofrecieron* un trato	You *will offer* a deal Ustedes *ofrecerán* un trato

68. To remember/*Recordar*

PRESENT *PRESENTE*	PAST *PASADO*	FUTURE *FUTURO*
I *remember* John Yo *recuerdo* a John	I *remembered* John Yo *recordé* a John	I *will remember* John Yo *recordaré* a John
You *remember* John	You *remembered* John	You *will remember* John

Usted *recuerda* a John	Ustedes *recordaron* a John	Usted *recordará* a John
He *remembers* John El *recuerda* a John	He *remembered* John El *recordó* a John	He *will remember* John El *recordará* a John
We *remember* John Nosotros recordamos a John	We *remembered* John Nosotros recordamos a John	We *will remember* John Nosotros recordaremos a John
They *remember* John Ellos *recuerdan* a John	They *remembered* John Ellos *recordaron* a John	They *will remember* John Ellos *recordarán* a John
You *remember* John Ustedes *recuerdan* a John	You *remembered* John Ustedes *recordaron* a John	You *will remember* John Ustedes *recordarán* a John

69. To consider/*Considerar*

PRESENT *PRESENTE*	PAST *PASADO*	FUTURE *FUTURO*
I *consider* leaving Yo *considero* salir	I *considered* leaving Yo *consideré* salir	I *will consider* leaving Yo *consideraré* salir
You *consider* leaving Usted *considera* salir	You *considered* leaving Usted *consideró* salir	You *will consider* leaving Usted *considerará* salir
He *considers* leaving El *considera* salir	He *considered* leaving El *consideór* salir	He *will consider* leaving El *considerará* salir
We *consider* leaving Nosotros *consideramos* salir	We *considered* leaving Nosotros *consideramos* salir	We *will consider* leaving Nosotros *consideraremos* salir
They *consider* leaving Ellos *consideran* salir	They *considered* leaving Ellos *consideraron* salir	They *will consider* leaving Ellos *considerarán* salir
You *consider* leaving Ustedes *consideran* salir	You *considered* leaving Ustedes *consideraron* salir	You *will consider* leaving Ustedes *considerarán* salir

70. To appear/*Aparecer*

PRESENT *PRESENTE*	PAST *PASADO*	FUTURE *FUTURO*
I *appear* smart Yo *parezco* inteligente	I *appeared* smart Yo *parecía* inteligente	I *will appear* smart Yo *pareceré* inteligente
You *appear* smart Usted *parece* inteligente	You *appeared* smart Usted *parecía* inteligente	You *will appear* smart Usted *parecerá* inteligente
He *appears* smart	He *appeared* smart	He *will appear* smart

El *parece* inteligente	El *parecía* inteligente	El *parecerá* inteligente
We *appear* smart Nosotros *parecemos* inteligentes	We *appeared* smart Nosotros *parecíamos* inteligentes	We *will appear* smart Nosotros *pareceremos* inteligentes
They *appear* smart Ellos *parecen* inteligentes	They *appeared* smart Ellos *parecían* inteligentes	They *will appear* smart Ellos *parecerán* inteligentes
You *appear* smart Ustedes *parecen* inteligentes	You *appeared* smart Ustedes *parecían* inteligentes	You *will appear* smart Ustedes *parecerán* inteligentes

71. To buy/*Comprar*

PRESENT *PRESENTE*	PAST *PASADO*	FUTURE *FUTURO*
I *buy* a jacket Yo *compro* una chaqueta	I *bought* a jacket Yo *compré* una chaqueta	I *will buy* a jacket Yo *compraré* una chaqueta
You *buy* a jacket Usted *compra* una chaqueta	You *bought* a jacket Usted *compró* una chaqueta	You *will buy* a jacket Usted *comprará* una chaqueta
He *buys* a jacket El *compra* una chaqueta	He *bought* a jacket El *compró* una chaqueta	He *will buy* a jacket El *comprará* una chaqueta
We *buy* a jacket Nosotros *compramos* una chaqueta	We *bought* a jacket Nosotros *compramos* una chaqueta	We *will buy* a jacket Nosotoros *compraremos* una chaqueta
They *buy* a jacket Ellos *compran* una chaqueta	They *bought* a jacket Ellos *compraron* una chaqueta	They *will buy* a jacket Ellos *comprarán* una chaqueta
You *buy* a jacket Ustedes *compran* una chaqueta	You *bought* a jacket Ustedes *compraron* una chaqueta	You *will buy* a jacket Ustedes *comprarán* una chaqueta

72. To serve/*Servir*

PRESENT *PRESENTE*	PAST *PASADO*	FUTURE *FUTURO*
I *serve* dinner Yo *sirvo* la cena	I *served* dinner Yo *serví* la cena	I *will serve* dinner Yo *serviré* la cena
You *serve* dinner	You *served* dinner	You *will serve* dinner

Usted *sirve* la cena	Usted *sirvió* la cena	Usted *servirá* la cena
He *serves* dinner El *sirve* la cena	He *served* dinner El *sirvió* la cena	He *will serve* dinner El *servirá* la cena
We *serve* dinner Nosotros *servimos* la cena	We *served* dinner Nosotros *servimos* la cena	We *will serve* dinner Nosotros *serviremos* la cena
They *serve* dinner Ellos *sirven* la cena	They *served* dinner Ellos *sirvieron* la cena	They *will serve* dinner Ellos *servirán* la cena
You *serve* dinner Ustedes *sirven* la cena	You *served* dinner Ustedes *sirvieron* la cena	You *will serve* dinner Ustedes *servirán* la cena

73. To die/*Morir*

PRESENT *PRESENTE*	PAST *PASADO*	FUTURE *FUTURO*
I *die* once Yo *muero* una vez	I *died* once Yo *morí* una vez	I *will die* once Yo *moriré* una vez
You *die* once Usted *muere* una vez	You *died* once Usted *murió* una vez	You *will die* once Usted *morirá* una vez
He *dies* once El muere una vez	He *died* once El murió una vez	He *will die* once El morirá una vez
We *die* once Nosotros *morimos* una vez	We *died* once Nosotros *morimos* una vez	We *will die* once Nosotros *moriremos* una vez
They *die* once Ellos *mueren* una vez	They *died* once Ellos *murieron* una vez	They *will die* once Ellos *morirán* una vez
You *die* once Ustedes *mueren* una vez	You *died* once Ustedes *murieron* una vez	You *will die* once Ustedes *morirán* una vez

74. To send/*Enviar*

PRESENT *PRESENTE*	PAST *PASADO*	FUTURE *FUTURO*
I *send* a letter Yo *envío* una carta	I *sent* a letter Yo *envié* una carta	I *will send* a letter Yo *enviaré* una carta
You *send* a letter Usted *envia* una carta	You *sent* a letter Usted *envió* una carta	You *will send* a letter Usted *enviará* una carta
He *sends* a letter El *envía* una carta	He *sent* a letter El *envió* una carta	He *will send* a letter El *enviará* una carta
We *send* a letter	We *sent* a letter	We *will send* a letter

Nosotros *enviamos* una carta	Nosotros *enviamos* una carta	Nosotros *enviaremos* una carta
They *send* a letter Ellos *envían* una carta	They *sent* a letter Ellos *enviaron* una carta	They *will send* a letter Ellos *enviarán* una carta
You *send* a letter Ustedes *envían* una carta	You *sent* a letter Ustedes *enviaron* una carta	You *will send* a letter Ustedes *enviarán* una carta

75. To build/*Construir*

PRESENT *PRESENTE*	PAST *PASADO*	FUTURE *FUTURO*
I *build* a house Yo *construyo* una casa	I *built* a house Yo *construí* una casa	I *will build* a house Yo *construiré* una casa
You *build* a house Usted *construye* una casa	You *built* a house Usted *construyó* una casa	You *will build* a house Usted *construirá* una casa
He *builds* a house El *construye* una casa	He *built* a house El *construyó* una casa	He *will build* a house El *construirá* una casa
We *build* a house Nosotros *construimos* una casa	We *built* a house Nosotros *construímos* una casa	We *will build* a house Nosotros *construiremos* una casa
They *build* a house Ellos *construyen* una casa	They *built* a house Ellos *construyeron* una casa	They *will build* a house Ellos *construirán* una casa
You *build* a house Ustedes *construyen* una casa	You *built* a house Ustedes *construyeron* una casa	You *will build* a house Ustedes *construirán* una casa

76. To stay/*Quedarse*

PRESENT *PRESENTE*	PAST *PASADO*	FUTURE *FUTURO*
I *stay* home Yo me *quedo* en casa	I *stayed* home Yo me *quedé* en casa	I *will stay home* *Yo me quedaré* en casa
You *stay* home Usted se *queda* en casa	You *stayed* home Ustedes se *quedaron* en casa	You *will stay home* *Usted se quedará* en casa
He *stays* home El se *queda* en casa	He *stayed* home El se *quedó* en casa	He *will stay home* *El se quedará* en casa
We *stay* home	We *stayed* home	We *will stay home*

Nosotros nos *quedamos* en casa	Nosotros nos *quedamos* en casa	*Nosotros nos quedaremos* en casa
They *stay* home Ellos se *quedan* en casa	They *stayed* home Ellos se *quedaron* en casa	They *will stay* home *Ellos se quedarán* en casa
You *stay* home Ustedes se *quedan* en casa	You *stayed* home Ustedes se *quedaron* en casa	You *will stay* home *Ustedes se quedarán* en casa

77. To fall/*Caer*

PRESENT *PRESENTE*	PAST *PASADO*	FUTURE *FUTURO*
I *fall* down Yo me *caigo*	I *fell* down Yo me *caí*	I *will fall* down Yo me *caeré*
You *fall* down Usted se *cae*	You *fell* down Usted se *cayó*	You *will fall* down Usted se *caerá*
He *falls* down El se *cae*	He *fell* down El se *cayó*	He *will fall* down El se *caerá*
We *fall* down Nosotros nos *caemos*	We *fell* down Nosotros nos *caímos*	We *will fall* down Nosotros nos *caeremos*
They *fall* down Ellos se *caen*	They *fell* down Ellos se *cayeron*	They *will fall* down Ellos se *caerán*
You *fall* down Ustedes se *caen*	You *fell* down Ustedes se *cayeron*	You *will fall* down Ustredes se *caerán*

78. To cut/*Cortar*

PRESENT *PRESENTE*	PAST *PASADO*	FUTURE *FUTURO*
I cut a finger Yo *corto* un dedo	I cut a finger Yo *corté* un dedo	I *will cut* a finger Yo *cortaré* un dedo
You cut a finger Usted *corta* un dedo	You cut a finger Usted *cortó* un dedo	You *will cut* a finger Usted *cortará* un dedo
He cuts a finger El *corta* un dedo	He cut a finger El *cortó* un dedo	He *will cut* a finger El *cortará* un dedo
We cut a finger Nosotros *cortamos* un dedo	We cut a finger Nosotros *cortamos* un dedo	We *will cut* a finger Nosotros *cortaremos* un dedo
They cut a finger	They cut a finger	They *will cut* a finger

Ellos *cortan* un dedo	Ellos *cortaron* un dedo	Ellos *cortarán* un dedo
You cut a finger	You cut a finger	You *will cut* a finger
Ustedes *cortan* un dedo	Ustedes *cortaron* un dedo	Ustedes *cortarán* un dedo

79. To reach/*Alcanzar*

PRESENT *PRESENTE*	PAST *PASADO*	FUTURE *FUTURO*
I *reach* the shelf Yo *alcanzo* el estante	I *reached* the shelf Yo *alcancé* el estante	I *will reach* the shelf Yo *alcanzaré* el estante
You *reach* the shelf Usted *alcanza* el estante	You *reached* the shelf Usted *alcanzó* el estante	You *will reach* the shelf Usted *alcanzará* el estante
He *reaches* the shelf El *alcanza* el estante	He *reached* the shelf El *alcanzó* el estante	He *will reach* the shelf El *alcanzará* el estante
We *reach* the shelf Nosotros *alcanzamos* el estante	We *reached* the shelf Nosotros *alcanzamos* el estante	We *will reach* the shelf Nosotros *alcanzaremos* el estante
They *reach* the shelf Ellos *alcanzan* el estante	They *reached* the shelf Ellos *alcanzaron* el estante	They *will reach* the shelf Ellos *alcanzarán* el estante
You *reach* the shelf Ustedes *alcanzan* el estante	You *reached* the shelf Ustedes *alcanzaron* el estante	You *will reach* the shelf Ustedes *alcanzarán* el estante

80. To kill/*Matar*

PRESENT *PRESENTE*	PAST *PASADO*	FUTURE *FUTURO*
I *kill* a bug Yo *mato* un bicho	I *killed* a bug Yo *maté* un bicho	I *will kill* a bug Yo *mataré* un bicho
You *kill* a bug Usted *mata* un bicho	You *killed* a bug Usted *mató* un bicho	You *will kill* a bug Usted *matará* un bicho
He *kills* a bug El *mata* un bicho	He *killed* a bug El *mató* un bicho	He *will kill* a bug El *matará* un bicho
We *kill* a bug Nosotros *matamos* un bicho	We *killed* a bug Nosotros *matamos* un bicho	We *will kill* a bug Nosotros *mataremos* un bicho
They *kill* a bug Ellos *matan* un bicho	They *killed* a bug Ellos *mataron* un bicho	They *will kill* a bug Ellos *matarán* un bicho

You *kill* a bug	You *killed* a bug	You *will kill* a bug
Ustedes *matan* un bicho	Ustedes *mataron* un bicho	Ustedes *matarán* un bicho

81. To raise/*Levantar*

PRESENT *PRESENTE*	PAST *PASADO*	FUTURE *FUTURO*
I *raise* the glass	I *raised* the glass	I *will raise* the glass
Yo *levanto* la copa	Yo *levanté* la copa	Yo *levantaré* la copa
You *raise* the glass	You *raised* the glass	You *will raise* the glass
Usted *levanta* la copa	Usted *levantó* la copa	Usted *levantará* la copa
He *raises* the glass	He *raised* the glass	He *will raise* the glass
El *levanta* la copa	El *levantó* la copa	El *levantará* la copa
We *raise* the glass	We *raised* the glass	We *will raise* the glass
Nosotros *levantamos* la copa	Nosotros *levantamos* la copa	Nosotros *levantaremos* la copa
They *raise* the glass	They *raised* the glass	They *will raise* the glass
Ellos *levantan* la copa	Ellos *levantaron* la copa	Ellos *levantarán* la copa
You *raise* the glass	You *raised* the glass	You *will raise* the glass
Ustedes *levantan* la copa	Ustedes *levantaron* la copa	Ustedes *levantarán* la copa

82. To pass/*Pasar*

PRESENT *PRESENTE*	PAST *PASADO*	FUTURE *FUTURO*
I *pass* the store	I *passed* the store	I *will pass* the store
Yo *paso* la tienda	Yo *pasé* la tienda	Yo *pasaré* la tienda
You *pass* the store	You *passed* the store	You *will pass* the store
Usted *pasa* la tienda	Usted *pasó* la tienda	Usted *pasará* la tienda
He *passes* the store	He *passed* the store	He *will pass* the store
El *pasa* la tienda	El *pasó* la tienda	El *pasará* la tienda
We *pass* the store	We *passed* the store	We *will pass* the store
Nosotros *pasamos* la tienda	Nosotros *pasamos* la tienda	Nosotros *pasaremos* la tienda
They *pass* the store	They *passed* the store	They *will pass* the store
Ellos *pasan* la tienda	Ellos *pasaron* la tienda	Ellos *pasarán* la tienda
You *pass* the store	You *passed* the store	You *will pass* the store
Ustedes *pasan* la tienda	Ustedes *pasaron* la tienda	Ustedes *pasarán* la tienda

83. To sell/*Vender*

PRESENT *PRESENTE*	PAST *PASADO*	FUTURE *FUTURO*
I *sell books* Yo *vendo* libros	I *sold* books Yo *vendí* libros	I *will sell* books Yo *venderé* libros
You *sell books* Usted *vende* libros	You *sold* books Usted *vendió* libros	You *will sell* books Usted *venderá* libros
He *sells books* El *vende* libros	He *sold* books El *vendió* libros	He *will sell* books El *venderá* libros
We *sell books* Nosotros *vendemos* libros	We *sold* books Nosotros *vendimos* libros	We *will sell* books Nosotros *venderemos* libros
They *sell books* Ellos *venden* libros	They *sold* books Ellos *vendieron* libros	They *will sell* books Ellos *venderán* libros
You *sell books* Ustedes *venden* libros	You *sold* books Ustedes *vendieron* libros	You *will sell* books Ustedes *venderán* libros

84. To decide/*Decidir*

PRESENT *PRESENTE*	PAST *PASADO*	FUTURE *FUTURO*
I *decide* about Jack Yo *decido* sobre Jack	I *decided* about Jack Yo *decidí* sobre Jack	I *will decide* about Jack Yo *decidiré* sobre Jack
You *decide* about Jack Usted *decide* sobre Jack	You *decided* about Jack Usted *decidió* sobre Jack	You *will decide* about Jack Usted *decidirá* sobre Jack
He *decides* about Jack El *decide* sobre Jack	He *decided* about Jack El *decidió* sobre Jack	He *will decide* about Jack El *decidirá* sobre Jack
We *decide* about Jack Nosotros *decidimos* sobre Jack	We *decided* about Jack Nosotros *decidimos* sobre Jack	We *will decide* about Jack Nosotros *decidiremos* sobre Jack
They *decide* about Jack Ellos *deciden* sobre Jack	They *decided* about Jack Ellos *decidieron* sobre Jack	They *will decide* about Jack Ellos *decidirán* sobre Jack
You *decide* about Jack Ustedes *deciden* sobre Jack	You *decided* about Jack Ustedes *decidieron* sobre Jack	You *will decide* about Jack Ustedes *decidirán* sobre Jack

85. To return/*Devolver*

PRESENT	PAST	FUTURE
PRESENTE	PASADO	FUTURO
I *return* money	I *returned* money	I *will return* money
Yo *devuelvo* dinero	Yo *devolví* dinero	Yo *devolveré* dinero
You *return* money	You *returned* money	You *will return* money
Usted *devuelve* dinero	Usted *devolvió* dinero	Usted *devolverá* dinero
He *returns* money	He *returned* money	He *will return* money
El *devuelve* dinero	El *devolvió* dinero	El *devolverá* dinero
We *return* money	We *returned* money	We *will return* money
Nosotros *devolvemos* dinero	Nosotros *devolvimos* dinero	Nosotros *devolveremos* dinero
They *return* money	They *returned* money	They *will return* money
Ellos *devuelven* dinero	Ellos *devolvieron* dinero	Ellos *devolverán* dinero
You *return* money	You *returned* money	You *will return* money
Ustedes *devuelven* dinero	Ustedes *devolvieron* dinero	Ustedes *devolverán* dinero

86. To explain/*Explicar*

PRESENT	PAST	FUTURE
PRESENTE	PASADO	FUTURO
I *explain* what happened	I *explained* what happened	I *will explain* what happened
Yo *explico* lo que pasó	Yo *expliqué* lo que pasó	Yo *explicaré* lo que pasó
You *explain* what happened	You *explained* what happened	You *will explain* what happened
Usted *explica* lo que pasó	Usted *explicó* lo que pasó	Usted *explicará* lo que pasó
He *explains* what happened	He *explained* what happened	He *will explain* what happened
El *explica* lo que pasó	El *explicó* lo que pasó	El *explicará* lo que pasó
We *explain* what happened	We *explained* what happened	We *will explain* what happened
Nosotros *explicamos* lo que pasó	Nosotros *explicamos* lo que pasó	Nosotros *explicaremos* lo que pasó
They *explain* what happened	They *explained* what happened	They *will explain* what happened
Ellos *explican* lo que pasó	Ellos *explicaron* lo que pasó	Ellos *explicarán* lo que pasó
You *explain* what happened	You *explained* what happened	You *will explain* what happened
Ustedes *explican* lo que pasó	Ustedes *explicaron* lo que pasó	Ustedes *explicarán* lo que pasó

87. To hope/*Esperar*

PRESENT *PRESENTE*	PAST *PASADO*	FUTURE *FUTURO*
I *hope* to see James Yo *espero* ver a James	I *hoped* to see James Yo *esperaba* ver a James	I *will hope* to see James Yo *esperaré* ver a James
You *hope* to see James Usted *espera* ver a James	You *hoped* to see James Usted *esperaba* ver a James	You *will hope* to see James Usted *esperará* ver a James
He *hopes* to see James El *espera* ver a James	He *hoped* to see James El *esperaba* ver a James	He *will hope* to see James El *esperará* ver a James
We *hope* to see James Nosotros *esperamos* ver a James	We *hoped* to see James Nosotros *esperabamos* ver a James	We *will hope* to see James Nosotros *esperaremos* ver a James
They *hope* to see James Ellos *esperan* ver a James	They *hoped* to see James Ellos *esperaban* ver a James	They *will hope* to see James Ellos *esperarán* ver a James
You *hope* to see James Ustedes *esperan* ver a James	You *hoped* to see James Ustedes *esperaban* ver a James	You *will hope* to see James Ustedes *esperarán* ver a James

88. To develop/*Desarrollar*

PRESENT *PRESENTE*	PAST *PASADO*	FUTURE *FUTURO*
I *develop* a habit Yo *desarrollo* un hábito	I *developed* a habit Yo *desarrollé* un hábito	I *will develop* a habit Yo *desarrollaré* un hábito
You *develop* a habit Usted desarrolla un hábito	You *developed* a habit Usted desarrolló un hábito	You *will develop* a habit Usted desarrollará un hábito
He *develops* a habit El *desarrolla* un hábito	He *developed* a habit El *desarrolló* un hábito	He *will develop* a habit El *desarrollará* un hábito
We *develop* a habit Nosotros *desarrollamos* un hábito	We *developed* a habit Nosotros *desarrollamos* un hábito	We *will develop* a habit Nosotros *desarrollaremos* un hábito
They *develop* a habit Ellos *desarrollan* un hábito	They *developed* a habit Ellos *desarrollaron* un hábito	They *will develop* a habit Ellos *desarrollarán* un hábito
You *develop* a habit Ustedes *desarrollan* un	You *developed* a habit Ustedes *desarrollaron* un	You *will develop* a habit Ustedes *desarrollarán* un

hábito	hábito	hábito

89. To carry/*Cargar*

PRESENT *PRESENTE*	PAST *PASADO*	FUTURE *FUTURO*
I *carry* a bag Yo *cargo* una bolsa	I *carried* a bag Yo *cargué* una bolsa	I *will carry* a bag Voy a *cargar* una bolsa
You *carry* a bag Usted *carga* una bolsa	You *carried* a bag Usted *cargo* una bolsa	You *will carry* a bag Usted va a *cargar* una bolsa
He *carries* a bag El *carga* una bolsa	He *carried* a bag El *cargo* una bolsa	He *will carry* a bag El va a *cargar* una bolsa
We *carry* a bag Nosotros *cargamos* una bolsa	We *carried* a bag Nosotros *cargamos* una bolsa	We *will carry* a bag Nosotros *cargaremos* una bolsa
They *carry* a bag Ellos *cargan* una bolsa	They *carried* a bag Ellos *cargaron* una bolsa	They *will carry* a bag Ellos *cargarán* una bolsa
You *carry* a bag Ustedes *cargan* una bolsa	You *carried* a bag Ustedes *cargaron* una bolsa	You *will carry* a bag Usted *cargará* una bolsa

90. To break/*Romper*

PRESENT *PRESENTE*	PAST *PASADO*	FUTURE *FUTURO*
I *break* a plate Yo *rompo* el plato	I *broke* a plate Yo *rompí* el plato	I *will break* a plate Yo *romperé* el plato
You *break* a plate Usted *rompe* el plato	You *broke* a plate Usted *rompió* el plato	You *will break* a plate Usted *romperá* el plato
He *breaks* a plate El *rompe* el plato	He *broke* a plate El *rompió* el plato	He *will break* a plate El *romprerá* el plato
We *break* a plate Nosotros *rompemos* el plato	We *broke* a plate Nosotros *rompimos* el plato	We *will break* a plate Nostros *romperemos* el plato
They *break* a plate Ellos *rompen* el plato	They *broke* a plate Ellos *rompieron* el plato	They *will break* a plate Ellos *romperán* el plato
You *break* a plate Ustedes *rompen* el plato	You *broke* a plate Ustedes *rompieron* el plato	You *will break* a plate Ustedes *romperán* el plato

91. To receive/*Recibir*

PRESENT *PRESENTE*	PAST *PASADO*	FUTURE *FUTURO*
I *receive* a letter Yo *recibo* una carta	I *received* a letter Yo *recibí* una carta	I *will receive* a letter Yo *recibiré* una carta
You *receive* a letter Usted *recibe* una carta	You *received* a letter Usted *recibió* una carta	You *will receive* a letter Usted *recibirá* una carta
He *receives* a letter El *recibe* una carta	He *received* a letter El *recibió* una carta	He *will receive* a letter El *recibirá* una carta
We *receive* a letter Nosotros *recibimos* una carta	We *received* a letter Nosotros *recibimos* una carta	We *will receive* a letter Nosotros *recibiremos* una carta
They *receive* a letter Ellos *reciben* una carta	They *received* a letter Ellos *recibieron* una carta	They *will receive* a letter Ellos *recibirán* una carta
You *receive* a letter Ustedes *reciben* una carta	You *received* a letter Ustedes *recibieron* una carta	You *will receive* a letter Ustedes *recibirán* una carta

92. To agree/*Acordar*

PRESENT *PRESENTE*	PAST *PASADO*	FUTURE *FUTURO*
I *agree* with Mark Yo *estoy de acuerdo* con Mark	I *agreed* with Mark Yo *estaba de acuerdo* con Mark	I *will agree* with Mark Yo *estaré de acuerdo* con Mark
You *agree* with Mark Usted *está de acuerdo* con Mark	You *agreed* with Mark Usted *estaba de acuerdo* con Mark	You *will agree* with Mark Usted *estará de acuerdo* con Mark
He *agrees* with Mark El *está de acuerdo* con Mark	He *agreed* with Mark El *estaba de acuerdo* con Mark	He *will agree* with Mark El *estará de acuerdo* con Mark
We *agree* with Mark Nosotros estamos de acuerdo con Mark	We *agreed* with Mark Nosotros *estábamos de acuerdo* con Mark	We *will agree* with Mark Nosotros *estaremos de acuerdo* con Mark
They *agree* with Mark Ellos *están de acuerdo* con Mark	They *agreed* with Mark Ellos *estában de acuerdo* con Mark	They *will agree* with Mark Ellos *estarán de acuerdo* con Mark
You *agree* with Mark	You *agreed* with Mark	You *will agree* with Mark

Ustedes *están de acuerdo* con Mark	Ustedes *estaban de acuerdo* con Mark	Ustedes *estarán de acuerdo* con Mark

93. To support/*Apoyar*

PRESENT *PRESENTE*	PAST *PASADO*	FUTURE *FUTURO*
I *support* Maria Yo *apoyo* a María	I *supported* Maria Yo *apoyé* a María	I *will support* Maria Yo *apoyaré* a María
You *support* Maria Usted *apoya* a María	You *supported* Maria Usted *apoyó* a María	You *will support* Maria Usted *apoyará* a María
He *supports* Maria El *apoya* a María	He *supported* Maria El *apoyó* a María	He *will support* Maria El *apoyará* a María
We *support* Maria Nosotros *apoyamos* a María	We *supported* Maria Nosotros *apoyamos* a María	We *will support* Maria Nosotros *apoyaremos* a María
They *support* Maria Ellos *apoyan* a María	They *supported* Maria Ellos *apoyaron* a María	They *will support* Maria Ellos *apoyarán* a María
You *support* Maria Ustedes *apoyan* a María	You *supported* Maria Ustedes *apoyaron* a María	You *will support* Maria Ustedes *apoyarán* a María

94. To hit/*Pegar*

PRESENT *PRESENTE*	PAST *PASADO*	FUTURE *FUTURO*
I *hit* Peter Yo le *pego* a Peter	I *hit* Peter Yo le *pegué* a Peter	I *will hit* Peter Yo le *pegaré* a Peter
You *hit* Peter Usted le *paga* a Peter	You *hit* Peter Usted le *pegó* a Peter	You *will hit* Peter Usted le *pegará* a Peter
He *hits* Peter El le *pega* a Peter	He *hit* Peter El le *pegó* a Peter	He *will hit* Peter El le *pegará* a Peter
We *hit* Peter Nosotros le *pegamos* a Peter	We *hit* Peter Nosotros le *pegamos* a Peter	We *will hit* Peter Nosotros le *pegaremos* a Peter
They *hit* Peter Ellos le *pegan* a Peter	They *hit* Peter Ellos le *pegaron* a Peter	They *will hit* Peter Ellos le *pegarán* a Peter
You *hit* Peter Ustedes le *pegan* a Peter	You *hit* Peter Ustedes le *pegaron* a Peter	You *will hit* Peter Ustedes le *pegarán* a Peter

95. To produce/*Producir*

PRESENT *PRESENTE*	PAST *PASADO*	FUTURE *FUTURO*
I *produce* food Yo *produzco* comida	I *produced* food Yo *produje* comida	I *will produce* food Yo *produciré* comida
You *produce* food Usted *produce* comida	You *produced* food Usted *produjo* comida	You *will produce* food Usted *producirá* comida
He *produces* food El *produce* comida	He *produced* food El *produjo* comida	He *will produce* food El *producirá* comida
We *produce* food Nosotros *producimos* comida	We *produced* food Nosotros *producimos* comida	We *will produce* food Nosotros *produciremos* comida
They *produce* food Ellos *producen* comida	They *produced* food Ellos *producieron* comida	They *will produce* food Ellos *producirán* comida
You *produce* food Ustedes *producen* comida	You *produced* food Ustedes *producieron* comida	You *will produce* food Usted *producirá* comida

96. To eat/*Comer*

PRESENT *PRESENTE*	PAST *PASADO*	FUTURE *FUTURO*
I *eat* rice Yo *como* arroz	I *ate* rice Yo *comí* arroz	I *will eat* rice Yo *comeré* arroz
You *eat* rice Usted *come* arroz	You *ate* rice Usted *comió* arroz	You *will eat* rice Usted *comerá* arroz
He *eats* rice El *come* arroz	He *ate* rice El *comió* arroz	He *will eat* rice El *comerá* arroz
We *eat* rice Nosotros *comemos* arroz	We *ate* rice Nosotros *comimos* arroz	We *will eat* rice Nosotros *comeremos* arroz
They *eat* rice Ellos *comen* arroz	They *ate* rice Ellos *comieron* arroz	They *will eat* rice Ellos *comerán* arroz
You *eat* rice Ustedes *comen* arroz	You *ate* rice Ustedes *comieron* arroz	You *will eat* rice Ustedes *comerán* arroz

97. To cover/*Cubrir*

PRESENT	PAST	FUTURE
PRESENTE	*PASADO*	*FUTURO*
I *cover* the pot	I *covered* the pot	I *will cover* the pot
Yo *cubro* la olla	Yo *cubrí* la olla	Yo *cubriré* la olla
You *cover* the pot	You *covered* the pot	You *will cover* the pot
Usted *cubre* la olla	Usted *cubrió* la olla	Usted *cubrirá* la olla
He *covers* the pot	He *covered* the pot	He *will cover* the pot
El *cubre* la olla	El *cubrió* la olla	El *cubrirá* la olla
We *cover* the pot	We *covered* the pot	We *will cover* the pot
Nosotros *cubrimos* la olla	Nosotros *cubrimos* la olla	Nosotros *cubriremos* la olla
They *cover* the pot	They *covered* the pot	They *will cover* the pot
Ellos *cubren* la olla	Ellos *cubrieron* la olla	Ellos *cubrirán* la olla
You *cover* the pot	You *covered* the pot	You *will cover* the pot
Ustedes *cubren* la olla	Ustedes *cubrieron* la olla	Ustedes *cubrirán* la olla

98. To catch/*Atrapar*

PRESENT	PAST	FUTURE
PRESENTE	*PASADO*	*FUTURO*
I *catch* a fish	I *caught* a fish	I *will catch* a fish
Yo *atrapé* un pez	Yo *atrapé* un pez	Yo voy a *atrapar* un pez
You *catch* a fish	You *caught* a fish	You *will catch* a fish
Usted *atrapa* un pez	Usted *atrapó* un pez	Usted va a *atrapar* un pez
He *catches* a fish	He *caught* a fish	He *will catch* a fish
El *atrapa* un pez	El *atrapó* un pez	El va a *atrapar* un pez
We *catch* a fish	We *caught* a fish	We *will catch* a fish
Nosotros *atrapamos* un pez	Nosotros *atrapamos* un pez	Nosotros vamos a *atrapar* un pez
They *catch* a fish	They *caught* a fish	They *will catch* a fish
Ellos *atrapan* un pez	Ellos *atraparon* un pez	Ellos van a *atrapar* un pez
You *catch* a fish	You *caught* a fish	You *will catch* a fish
Ustedes *atrapan* un pez	Ustedes *atraparon* un pez	Ustedes van a *atrapar* un pez

99. To draw/*Dibujar*

PRESENT	PAST	FUTURE
PRESENTE	*PASADO*	*FUTURO*

I *draw* a picture Yo *dibujo* una imagen	I *drew* a picture Yo *dibujé* una imagen	I *will draw* a picture Yo *voy a dibujar* una imagen
You *draw* a picture Usted *dibuja* una imagen	You *drew* a picture Usted *dibujó* una imagen	You *will draw* a picture Usted *va a dibujar* una imagen
He *draws* a picture El *dibuja* una imagen	He *drew* a picture El *dibujó* una imagen	He *will draw* a picture El *va a dibujar* una imagen
We *draw* a picture Nosotros *dibujamos* una imagen	We *drew* a picture Nosotros *dibujamos* una imagen	We *will draw* a picture Nosotros *vamos a dibujar* una imagen
They *draw* a picture Ellos *dibujan* una imagen	They *drew* a picture Ellos *dibujaron* una imagen	They *will draw* a picture Ellos *van a dibujar* una imagen
You *draw* a picture Ustedes *dibujan* una imagen	You *drew* a picture Ustedes *dibujaron* una imagen	You *will draw* a picture Ustedes *van a dibujar* una imagen

100. To choose/*Elejir*

PRESENT *PRESENTE*	PAST *PASADO*	FUTURE *FUTURO*
I *choose* the song Yo *elijo* la canción	I *chose* the song Yo *elejí* la canción	I *will choose* the song Yo *elegiré* la canción
You *choose* the song Usted *elije* la canción	You *chose* the song Usted *eligió* la canción	You *will choose* the song Usted *elegirá* la canción
He *chooses* the song El *elije* la canción	He *chose* the song El *elijió* la canción	He *will choose* the song El *elegirá* la canción
We *choose* the song Nosotros *elejimos* la canción	We *chose* the song Nosotros *elejimos* la canción	We *will choose* the song Nosotros *elegiremos* la canción
They *choose* the song Ellos *elijen* la canción	They *chose* the song Ellos *eligieron* la canción	They *will choose* the song Ellos *elegirán* la canción
You *choose* the song Ustedes *elijen* la canción	You *chose* the song Ustedes *elegieron* la canción	You *will choose* the song Ustedes *elegirán* la canción

THE END

Made in the USA
Coppell, TX
17 April 2024